会做研究，
班主任就赢了！

|问题|归因|求解|实践| 王立华·著

教育科学出版社
·北京·

| 目 录 |

| 前言 |　　班主任的务本追求

几年前，我和十几位同事组织了一个青年教师成长共同体 ——"梨花院落"，成员均为"80 后"年轻教师。他们大多是班主任。为了引导他们做好班主任工作，我便以不同形式和他们交流自己对班主任工作的思考。这几年，我们一直围绕"班主任工作的根本"这个话题展开讨论。

"求木之长者，必固其根本"，在多元化的班主任工作内容中，总有些内容是关乎根本的。如果一位班主任在实践中舍本逐末，将会带来很多问题，可能就会出现"按下葫芦浮起瓢"的局面。因此，在完成班主任工作时，班主任要有务本的追求。

比如，已有的班主任工作范式，不能有效解决工作中存在的问题。只有抓住"文化自觉"这一根本，才能真正解决班主任幸福感枯竭的问题，真正解决班主任工作中的现存问题。

比如，不仅家长与学生关注学习质量，班主任也十分看重学习质量。班主任应放弃一味强调学习的重要性、增加学习的时间等策略，抓住为学生推荐"个性化学习模型"这一根本，引导学生立足自己的学习经历，自主地选择学习内容。

比如，班主任不宜在制度建设、惩戒规训上下太多功夫，而应注重班本课程的开发。班本课程越能体现班级实际，越能满足本班学生的成长需要，就越能形成强大的班级文化气象。"入芝兰之室，久而不闻其香"，学生自然就能"知礼节",团聚在一起,有秩序地生活在班级中。

比如,卫生打扫得再彻底,也只是一时的,只要习惯不良的学生扔下一片纸屑,卫生区就不干净了。如果班主任能从源头上控制垃圾的产生,卫生区不就整洁了吗?没有垃圾来源,学生还需要花很多时间去打扫卫生吗?

比如,作业本、试卷、照片等实物,出现在班主任的生活世界里。班主任快速、理性地从这些实物中找到教育契机、教育资源,并立即有效地干预学生的成长行为,时效性不是更强吗?

…………

只要班主任在不断研究中找到并守住工作的根本,就不会出现"盆朝天,碗朝地"的工作局面,班主任的成就感也会随之而来,而最大的受益者是学生。

驻足回眸,把我们在交流、讨论中感觉最有价值的内容加以整理,便有了本书。欢迎大家批评、指正。

第一章

范式转型之本：
文化自觉

|问题|归因|求解|实践|

我国于 1952 年颁布了《小学暂行规程（草案）》与《中学暂行规程（草案）》，要求实行班主任制。经过几十年的发展，我国已建立起相关的规章制度，形成了独具特色的班主任工作范式。在这种工作范式下，班主任工作成了一个无底洞。随着时代的发展，班主任工作内容越来越繁杂，班主任的压力越来越大。班主任的责任重，但班主任工作产生的实际效益却让人不满意，因此，亟须建构新的班主任工作范式。

一、问题：班主任的职业幸福感严重缺失

只要来到学校，上课之余，班主任就得从早到晚忙于烦琐的班级事务。按常理，每天付出了那么多精力、体力，班主任在下班后应该内心充实。但是，在忙乱了一天后，大多数班主任心中留下的是一种难言的无奈和郁闷。这正是当前不少班主任职业幸福感缺失的体现。班主任在工作中缺少心灵上的自由、情感上的舒畅与行动上的机智，更多地表现出一种职业焦虑、情感压抑与工作低效的现状。

二、归因：班主任承担了过量的班级事务

（一）班主任无权要求本班任课教师协助自己完成班级事务

尽管目前的班主任制要求班主任经常联系任课教师，但对联系时间、

联系内容等并没有具体规定。在没有学校制度赋权的情况下，班主任联系任课教师时缺乏权威，随意性很大，效果无法得到保证。在现实中，只有那些同时具有学校管理人员身份的班主任、善于协调人际关系的班主任，才能在一定程度上协调任课教师，使其帮助自己完成一些班级事务。

（二）学校科层制管理格局要求班主任完成大量管理事务

当前，国内广大中小学仍然普遍施行自上而下的科层制管理体制。在这一管理体制下，各职能科室的管理人员根本无法直接管理班级和学生群体，他们迫切需要一个特殊的"一岗多职"的教师群体，既能对每个职能科室直接负责，还能和班级、群体学生、个体学生产生直接联系，特别是能直接管理一个班级、一群学生。往往处于兼职状态、没有明确的岗位归属、工作职责又不十分明确的班主任正好满足了学校的这一现实需求。"上面千条线，下面一根针"，是科层制管理格局下班主任工作状态的典型写照。班主任要对学校的每一个职能科室负责，哪个科室的"神经"动一动，班主任都要跟着"抖一抖"。

（三）各种力量要求班主任做一个事务完成者

现在，各种力量（尤其是家长）大多对班主任要求很高，希望班主任是全天候的，最好无所不知，无所不能。为了满足多种需求，班主任成了班级事务的包办者。

（四）没有建构起浓厚的班主任专业文化

目前，我国依然没有形成成熟的、专业意义上的班主任资格取得机制，依然没有清楚地界定班主任的素养结构、工作职责，依然没有完善的、系统的班主任继续教育机制，依然没有形成规范的、独立的班主任工作学科研究共同体。没有班主任专业文化的支撑，班主任看起来并不像一个专业人员，大多数班主任只能在事务完成的层面操作，智慧含量不高。

三、求解：班主任要实现文化自觉

在事务包办这样的实践基础上，广大班主任逐步形成了以满足多元化要求为目的，以管理、控制与束缚为工作策略，以不讲求专业内涵、快速完成班级事务为内容的工作范式。既然这一范式不被广大班主任接受，就要探讨建构新的工作范式。班主任这个岗位是中国独有的，认清、认可并积极打造独特的班主任文化是形成新的工作范式的应然选择。

（一）要认清班主任工作的独特文化内涵

1. 班主任是一个"文化人"。班主任通过对主流文化的学习、体认获得自身应有的文化素养，成为当下主流文化的代言人。在这一文化习得的过程中，主流文化因素自觉地融进班主任的综合素养中，自发地左右着班主任的行为。基于此，班主任被视为有独特文化底蕴的"文化人"，是以文"化"人之人，班主任的工作过程被视为学生的"文化化"的过程，班主任工作被赋予了浓郁的教育文化色彩。这要求班主任做一个理性的"文化人"——具有文化自觉，能够理性地反思、批判自己的班主任工作的价值建构、工作方式选择等的人。这必然带来班主任文化的创新。

2. 班主任要自觉地重建班主任工作的文化生态。当班主任工作不能满足班级、学生的发展需求时，班主任就要自觉地根据新的价值追求去改造班主任工作，创造一个新的班主任工作生态。这意味着班主任将在自己价值追求的导引下，批判、反思，打破旧习，用具有创造性的实践推动班主任工作文化的变革。

（二）依托班主任文化自觉，实现班主任日常工作范式的转型

1. 班主任文化自觉的基本概念。班主任文化自觉是指生活在班主任文化圈子里的班主任对岗位文化有自知之明，并对班主任的历史沿革、当代发展与未来走势有充分认识，自觉地把社会、学校、家庭赋予的责任，自

己要履行的教育义务与享受的教育权利转变成文化信念、理性认识和行为准则，引导自己的日常实践朝着专业化方向发展，自我觉醒、自我反思与自我创建，把担任班主任的工作经历看作自我实现的过程。

2.班主任文化自觉的逻辑过程。首先，从班主任对班主任文化的自知、自醒开始，经历自信、自行，最终实现自新、自强。其次，班主任要理性地认识班主任这个岗位的设置来由、需要履行的社会职能和专业尊严等，进而形成自信的岗位认同文化，使班主任在体验职业幸福的同时传递幸福。

3.班主任文化自觉的独特属性。首先，班主任文化代表着社会主流文化的要求，与校园文化、班级文化、学生文化等学校文化形态交叉在一起，发挥着特殊作用，是学校文化形态中最具活力、最具主体性的文化要素。其次，作为一种不可或缺的精神状态，班主任文化自觉是班主任专业发展过程中的重要动力机制，对班主任明确自身的教育文化处境、履行自身的教育文化责任等有着重要影响。最后，班主任文化自觉意味着关注班主任的需要与尊严，把工具性价值的实现与班主任自我人生价值的实现有机统一起来，使班主任工作成为班主任发现自我、升华人格并实现人生价值的幸福事业。

4.班主任文化自觉的基本内容。

（1）岗位自觉。首先，要认清岗位属性。要认清并认同班主任的社会地位、使命和职责、工作状态以及收入水平等。班主任对自己的岗位属性的认识越明确、认同感越强，对班主任工作规范的内化程度和对班主任工作的投入程度就越高，职业幸福感也就越强。其次，要形成岗位规范体系。班主任不仅要对班主任这一岗位的社会价值有清醒的认识，也要关注自身的生存、发展和自我实现的需要，并建构理想的自我实现概念与自我实践规范。

（2）角色自觉。首先，要厘清班主任和普通学科教师的角色区别。班主任在完成从普通教师到班主任的角色转变中，要自觉地关注、认同自我的价值观念、思维图式与行为方式，创造性地进行班主任生活的建构。其次，班主任要做文化创造者。追求精神满足、价值实现是班主任作为"文化人"应有的生存状态，更是落实班主任工作任务应有的追求。这是实现文化资本的积累与传承的过程，也是教育与文化的再生产过程。最后，班主任要做主流文化代言人。班主任是真正的"育人者"，根据社会的主流价值观来调适自身的价值观，并以主流价值观教育、引导学生，塑造其观念，规范其行为。

（3）专业自觉。首先，要形成稳定的自我发展意识。班主任应具有较强的自我专业发展意识、动力，自觉承担专业发展的主要责任，通过剖析自己的专业现状，规划并实施专业发展，从而实现专业的自我更新。立足于此，班主任要自觉地把专业活动当作研究对象，理性地审视自身的专业水平与专业实践，确立起对专业理想、专业发展目标的理论化认识。其次，确立个人教育观念。班主任的专业自觉带有鲜明的个人特征，除了不断生成个人的实践智慧之外，班主任还要形成个人的教育哲学。最后，建构起个人的实践性知识体系。班主任要自觉发掘自己的专业实践中存在的问题，并创造性地解决，然后不断梳理、总结工作经历，形成工作经验，最终提炼出自己的实践性知识体系。

（4）反思自觉。班主任要对自己的工作行为以及由此产生的结果进行反思，吸取经验教训，巩固思维结果，参与班主任工作改革。只有不断地对班主任工作进行审视、批判与重构，班主任才能不断地趋向理想的职业生存状态。

（5）研究自觉。班主任借助研究，用系统、理性的行动来解决实际问题，并提炼、总结自己的工作经验，在验证中提升实践智慧，建构起个性化的观念文化、行为文化。

（6）对话自觉。班主任个体的文化自觉不是封闭的自我认识，而是在多元、互动的文化生态系统中的自主选择，是对其他教师文化、学校文化的尊重与接纳。

四、实践：班主任文化自觉的生成路径

（一）外生性学校主导：借助学校行政力量推进班主任文化自觉

学校要出台制度、设计方案、组织培训，建构起独特的校本班主任文化，以此引领、激励班主任实现文化自觉。

1.实施发展性学校管理。学校管理者应当根据具体实际，减少制度的控制、约束，实行文化管理，给班主任的文化自觉提供适宜的空间。文化管理以学校文化精神为载体，构建教师的精神家园，最大限度地发挥班主任个体的主观能动性。

2.打造各种专业发展共同体。首先，要引领本校班主任积极合作。班主任面对的教育对象和教育环境具有不确定性，很多矛盾与问题仅靠个体力量很难解决，而不同的教师在知识结构、智慧水平、思维方式、认知风格等方面都存在差异。如果班主任能与任课教师、其他班主任进行对话、沟通、协调与合作，就可以发挥校本团队的教育力量。其次，要搭建班主任专业对话的平台。学校应该留意并积累可能对班主任有用的资源，如专业机构的地址与联系方式、指导专家的联系方式等。学校还可以通过采购咨询服务、聘请专家到校指导等方式建立稳定的专家咨询团队。

3.提高班主任的文化素养。首先，要提升班主任的文化品位。班主任要通过阅读古今中外的经典（尤其是教育经典）、观看高水平的文艺演出、游历文化古迹、欣赏美术作品等途径，增加自己审美体验的机会，涵养艺术情怀。其次，要塑造班主任的文化人格。对班主任的师德建设要加大监督力度，通过组织教师观看"最美乡村教师"等视频，引导班主任锤炼师德；加大教师礼仪培训力度，使班主任的形象、语言、行为走向审美化。最后，培植班主任的工作个性文化。应鼓励和支持班主任通过班主任工作个性展示、撰写实践特色总结、出版学术著作，树立文化品牌意识，形成班主任的工作个性文化。

（二）内生性个体行动：靠个体的自主实践实现班主任文化自觉

班主任文化自觉是班主任在与周围环境的相互作用中，通过自身的各种实践活动实现的，是一种动态回应各种影响因素的、循环互动的过程。班主任文化自觉需要外在的支持，更需要内在的自主实践。从这个意义上分析，个体实践是班主任文化自觉最基本和最主要的方式。在日常实践中，班主任要做好以下六个方面。

1. 做班主任工作理念的建构者，为文化自觉储备思想素养。教育思想的贫困比校园设施的落后更可怕。没有精神的自觉，班主任就不会有文化自觉行为的产生。没有自己的教育理念，班主任就无法建立起内在的精神王国，即便班主任取得了事业上的初步成功，也无法达到人生的安详、平和之境，其人格很可能会自相矛盾，乃至失去自身优势。不断提炼、生成自己的教育理念，班主任就有了精神的皈依。

2. 做班主任工作理论的创生者，为文化自觉储备理论素养。首先，班主任要不断提高自己的理论水平。班主任工作理论形态的最佳体现是其关于班主任工作的理论探讨文字。拥有了理论话语权，班主任便取得了真正的专业尊严。拥有了专业尊严，班主任方有真正的职业幸福可言。这时，文化自觉也就水到渠成了。其次，班主任要不断地改造自己的教育经验。对教育经验的改造是班主任进行教育理论建构的基本切入点。一方面，班主任要通过学习、交流与实践，不断反思、体悟，形成自身的经验系统；另一方面，班主任又要不断运用经验图式进行判断、选择，从而提升自己的日常实践水平。

3. 做班主任工作品质的反思者，为文化自觉储备反思素养。首先，班主任要在问题发现中求超越。要将习以为常的、自以为理所当然的班主任工作现象问题化，在反思中寻找提升工作水平的方向。其次，班主任要在事实梳理中求真义。只有不断反思、筛选，班主任才能透过现象看本质，才能有精神的觉醒与理性的彻悟。最后，班主任要在行动改善中求品质。

很多管理实践，只要班主任仔细分析，就可以提炼出极富价值的班主任工作规律，从而提高常态实践的理性成分。

4. 做班主任工作生活的记录者，为文化自觉储备表达素养。首先，班主任要不断记录日常杂感。落实常规工作、推进教育科研、观察现象、分析数据、阅读书报等时，班主任总会有所感悟。班主任要再三斟酌，然后以教育日志的形式记录下来。其次，班主任要在一个时期内持续写专业日记。专业日记是从专业发展的角度记录一个班主任的转变过程及深刻体验，有利于班主任的专业发展。最后，班主任要围绕一个主题记录教育生活。班主任围绕一个主题记录的文字多，是其教育思想成熟的体现，是其具有教育个性的标志。

5. 做班主任工作经典的涉猎者，为文化自觉储备对话素养。首先，从一般阅读走向经典阅读。读经典，无疑是在和人类的顶尖群体对话，班主任要多读经典。其次，从打造阅读力走向建构思想力。有了思想力，教师阅读就能为"我"所用了："我"的知识体系会在阅读中越来越完善，"我"的主张会在阅读中越来越鲜明，"我"的思想会在阅读中越来越深刻。再次，从广泛涉猎走向读通几本。在集中阅读的过程中，班主任会发现不同的自己，一路走来，自然会惊喜不断。最后，从读有字之书走向读无字之书。班主任应该在解读自己的教育实践中触摸教育文化，激活自己的知识积累与经验体系，从而丰富自己的价值世界、知识体系。

6. 做班主任工作研究的前行者，为文化自觉储备研究素养。首先，要以实用性为主旨选择研究意向。以实用性为主旨选择研究课题，可以让教育科研真正服务于自己的日常实践。其次，要以质的研究为首选方法。质的研究关注的问题所涉及的地点、人物、时间和事件在教育生活中确实存在，对班主任和被研究者来说都具有现实价值。最后，要把每一个学生当作课题来研究。尽管研究每一个学生是一种长时间、多角度、多层面的融合研究，研究周期、内容和策略等都是混成的，但研究目标却是唯一的，是当事学生所需要的。

第二章

| 问题 | 归因 | 求解 | 实践 |

班级决策之本：专业判断

班主任在教育实践中要不断地进行各种判断。如果以判断的准确性为划分指标，可将这些判断分为准确性较低的经验判断与准确性较高的专业判断。由于经验判断的准确性不高，班主任理应选择专业判断，完成判断范式的转型。

一、问题：经验判断的准确性不高

　　经验判断是指班主任在不全面检索历史信息的基础上，凭借主观经验、现有的知识与能力基础对某种信息做出判断。在实践中，班主任往往靠经验判断来应对自己接收的大量信息。由于经验判断的主观性强，判断质量令人担忧。

（一）判断主体的状态影响经验判断的质量

　　1. 主动性的强弱影响经验判断的质量。一些班主任进行判断的主动性不强，仅凭个人直觉来应对复杂信息，这样就不可避免地会出现判断错误现象。一些班主任的判断主动性较强，判断时间会比较充足，他们会对自己所拥有的历史信息反复进行检索、匹配、选择，以帮助自己做出判断。尽管一些班主任投入的时间较长，但经验判断的主观性仍存在，出现漏洞、错误的概率虽然降低了，但仍存在出错的可能性。

　　2. 经验储备的多寡影响经验判断的质量。班主任的经验储备匮乏，可以激活的经验自然比较少，在经验判断中出现漏洞、错误的可能性就越大；班主任的经验储备越丰富，被激活的可能性越大，在经验判断中出现漏洞、错误的可能性就越小。

（二）判断客体的性质影响经验判断的质量

1.学生行为管理与指导的工作量大小影响经验判断的质量。工作量越小，班主任运用经验判断时出现漏洞、错误的可能性就越小；工作量越大，班主任运用经验判断时出现漏洞、错误的可能性就越大。

2.学生行为管理与指导的周期长短影响经验判断的质量。事务完成的周期越长，班主任运用经验判断时出现漏洞、错误的可能性就越小；事务完成的周期越短、越急迫，班主任运用经验判断时出现漏洞、错误的可能性就越大。

（三）判断标准的建构水平影响经验判断的质量

1.对政策法规、教育规律的熟悉程度影响经验判断的质量。如果一个班主任能熟知相关的政策法规、教育规律，并依据政策法规、教育规律进行经验判断，出现漏洞、错误的概率就低一些；如果一个班主任对相关的政策法规、教育规律比较陌生，只是基于自我感觉来进行经验判断，出现漏洞、错误的概率就高一些。

2.对学生培养目标的建构水平影响经验判断的质量。如果一个班主任能基于各种要求建构起序列化的、成体系的、具体的学生培养目标，并据此来进行经验判断，出现漏洞、错误的概率就低一些；如果一个班主任没有建构起相关的学生培养目标，在进行经验判断时，出现漏洞、错误的概率就高一些。

二、归因：班主任缺乏专业判断素养

（一）理论研究、在职培训中关于专业判断的学习内容少

专业判断是优秀专业人才的共同特征，在司法、医疗、审计、航空等行业中受到广泛关注，但在教育行业中尚未受到应有的重视。对班主任而言，专业判断就是班主任为了达成一定的班主任工作目标，依据一定的判断标准，在一个完整的、系列化的思维过程中，对学生行为（含家长行为）、教师行为（含其他学科教师的行为）以及两者之间的关联做出的筛选、评价与选择。

目前，国内从教师教育的层面探讨教师判断的文字并不多见，探讨教师专业判断的文字更是少之又少。已有的文字对专业判断的概念等基本问题进行了阐述，但没有揭示专业判断在学科教师、班主任的专业实践中的分量，尤其是这些研究结果并未进入学科教师、班主任培训的实践领域。

（二）班主任自身没有能力建设关于专业判断的学习模块

班主任在进行复杂的专业判断时，需运用多学科知识。而专业判断的学习模块建设，也涉及多学科知识。班主任往往没有能力建设关于专业判断的学习模块。因为找不到合适的关于专业判断的学习资源，所以班主任便很难具备专业判断素养，在需要进行判断时自然会选择经验判断。

三、求解：重新认识班主任的专业判断行为

（一）班主任应告别经验判断，选择专业判断

与其他学科教师、学校管理者相比，班主任做出的各种判断往往对学生的影响更大。一旦判断失误，就会给学生带来负面影响。因此，班主任需要选择专业判断。另外，专业判断反映了班主任的专业知识、教育价值

追求是如何转变成教育决策的，是班主任工作具有专业性的重要表征，是班主任维护专业尊严的重要体现。

（二）班主任要正确地运用专业判断

要完成一次正确的专业判断，须同时具备三个基本要素：判断主体、判断客体与判断标准。判断主体是一个有专业素养的班主任。判断主体对判断客体的梳理比较全面、具体，包括对学生行为（含家长行为）、班主任行为（含其他学科教师的行为）以及两者之间的关联的梳理。判断主体对判断标准的建构比较系统，包括熟知各类政策法规、教育规律与各种学生培养目标。班主任完成一次正确的专业判断，还须经历一个完整的思维过程。不管可用的判断时间多么仓促，班主任都要先设定一个判断目标，然后梳理出判断标准，激活、匹配相关的经验储备，对要判断的事物进行分析、评价，然后形成判断目标是否实现的结论。

四、实践：在专业判断中生成实践智慧

（一）不断提高专业判断素养

1. 储备相关的专业知识。根据地域文化、学校背景、生源特点、家长需求等，班主任要不断储备心理学、教育学、管理学等专业知识。

2. 逐步提高专业判断能力。专业判断能力是指班主任在不同的工作情境中，能准确地找到自己需要的信息，并将信息进行整合从而做出决策的一种能力。班主任要想提高自己的判断能力，不仅要储备专业知识、历史信息，更要经常对自己的判断行为进行筛选，分析自己的判断内容是否有缺漏、为何有缺漏。

3. 逐步健全思维链条。专业判断总是体现在问题解决的过程中。发现问题、描述问题、确定问题解决的对象、分析问题出现的原因、确定问题解决的策略、在实践中检验策略的可行性、诊断问题是否解决，每个环节

都会不同程度地影响问题的解决质量。因此，班主任要分析以往的问题解决流程，看在哪些环节出现过判断错误，在哪些环节判断极为准确，以不断健全自己的思维链条。

4. 不断锤炼自己的人格。在实践中，班主任应不断地涵养性情，锤炼自己的人格，让自己的情感健全、心理健康，对"班主任"这一岗位有较高的职业认同。

（二）积淀足够的判断信息

1. 将有效信息变成长期记忆。班主任在做专业判断时，会对短期记忆信息进行检索、匹配、提取。这些不断被激活的短期记忆信息就会变成长期记忆信息。长期记忆的信息量越充足，班主任越容易对信息进行整合，从而做出专业判断。因此，班主任要将一些有效信息、经验以长期记忆的形式储存起来。

2. 建立内容丰富的信息库。可供班主任整合的信息量越大，就越能保证专业判断的准确性。因此，班主任必须保证各种信息的收集渠道畅通无阻，并及时把接收的信息以文字、图片、视频等形式保留下来，建构内容丰富的信息库。

（三）生成准确而具体的标准体系

1. 建构政策法规标准。班主任要借助各种途径，系统学习各类政策法规，并能将其熟练地运用到专业判断中，做到心中有准绳，不违规、不犯法。

2. 建构教育规律标准。班主任要加强对教育理论的学习，根据自身需要了解教育学、管理学、心理学、美学等学科常识，并能将其熟练地运用到专业判断中，做到不违反教育规律，促进真正的教育行为发生。

3. 建构学生培养目标标准。班主任要基于国家教育目标、校本育人目标、家长的教育需求、班级文化建设实际等，为每一届学生建构起序列化的、具体化的培养目标。这便于班主任在具体情境中判断学生是否成长了、班主任工作任务是否完成了。

（四）扬长避短，准确判断

1.选择自己擅长的专业判断形式。根据不同的划分指标，可以将班主任的专业判断形式分为多种。以判断对象为划分指标，可将班主任的专业判断分为对学生的专业判断、对自身的专业判断与对教育实践环境的专业判断；以判断时间的长短为划分指标，可将班主任的专业判断分为即时判断与长时判断；以判断内容为划分指标，可将班主任的专业判断分为情境判断、自省判断及预测判断；以班主任的心理状态为划分指标，可将班主任的专业判断分为主动判断与被动判断；等等。下面主要阐述以判断内容为划分指标的专业判断形式。

（1）情境判断：基于当前事实的判断。情境判断是班主任使用最频繁的专业判断形式。班主任在实践中对特定的班级生活情境做出即时反应，通常需要回答的核心问题是"我现在在做什么"。由于情境判断是即时完成的，判断的正确率难以保证，"精准"便成了情境判断追求的基本目标。新手班主任在使用情境判断时，判断的敏感性、主动性不强，多凭直观感受做出判断，判断的正确率往往不高；经验丰富的班主任能主动应对当下情境中出现的问题，并在大多数情况下能进行理性的情境判断，正确率通常较高。

班主任使用情境判断时经常会思考这些问题。首先，面对消极处境，班主任经常思考如何应对学生突然的提问、发难，当与学生交流不畅时如何适时转换话题、何时巧妙地结束班会课上的讨论，自己对学生的批评教育是否起作用，出问题的学生是否有过撒谎行为、是否理解班级规定、是否喜欢班主任，学生为什么不喜欢这次活动等问题。其次，面对积极处境，班主任经常思考哪些因素促成了这个学生的优势发展，这个学生为什么善于帮助别人，这个学生为什么深得各位任课教师的喜欢，学生为什么喜欢这次活动等问题。最后，面对自己的成长现状，班主任经常思考要解决这个问题自己的哪方面素养有待提高，怎样将这个问题转化成自己的成长资源等。

（2）自省判断：基于班主任价值观与信念的判断。自省判断是班主任在实践中或实践之后更深层的思考，要回答的核心问题是"我现在能做什么"。在时间比较充足的情况下，班主任会选择自省判断。自省判断不需要即刻做出反应，是延时的，相对比较准确。所以，"全面"便成了自省判断追求的基本目标。新手班主任在使用自省判断时，往往体现为对工作的简单反思，有时甚至变成一种焦虑、担忧，判断准确性往往不高。而经验丰富的班主任则会理性地进行判断，判断准确性通常比较高。

班主任使用自省判断时经常思考这些问题。首先，面对负面案例，班主任经常思考这件事为什么做得不对，学生为什么不喜欢自己，自己为什么不能联合任课教师完成班级工作，班级的评估积分为什么较低等问题。其次，面对正面案例，班主任经常思考这件事情为什么做得对，学生为什么喜欢自己，自己为什么能联合任课教师完成班级工作，班级的评估积分为什么较高等问题。最后，面对常规工作，班主任经常思考如何安排近期的班级活动，班级教育、管理与建设的途径、方法是否得当，自己的成长如何、存在哪些问题等。

（3）预测判断：基于工作因素的判断。预测判断是班主任对学生、工作内容、工作媒介等与班主任工作有关的因素进行的诊断、分析，可以是即时性的，也可以是延时性的，班主任要回答的核心问题是"我现在应该做什么"。这种判断实际上是班主任对实践的再构建。所以，分析透彻、结论明确便成了预测判断追求的基本目标。新手班主任在使用预测判断时，往往力不从心，经常会询问经验丰富的班主任，然后做出一些判断，但正确率未必高。经验丰富的班主任能全面分析学生、班级、任课教师等要素，并据此科学地做出判断，正确率较高。

班主任使用预测判断时经常思考这些问题，如班级秩序是否正常，学生是否会自主成长，学生会在哪些地方犯错。

综上所述，班主任要选准专业判断形式。班主任要分析自己经常使用哪种专业判断形式，并以此为基础来分析自己的判断习惯，确定自己善于运用哪种专业判断形式，进而提高判断的正确率。

2. 梳理出降低判断正确率的突出因素。从班主任的视角分析，有性格急躁、缺乏相关的专业知识、人格不健全、可以整合运用的信息匮乏、当前可以使用的辅助工具与专业支持少五种降低判断正确率的突出因素；从学生的视角分析，有学生突发性受伤、学生重病复发、学生与家长的言行过激、学生与家长的道德品质低下四种降低判断正确率的突出因素；从教育环境的视角来分析，有人群聚集处、自然环境恶劣两种降低判断正确率的突出因素。班主任在实践中要梳理出会降低判断正确率的突出因素，并尽可能降低这些因素的出现频率。

第三章

纪律管理之本：
自我管理

| 问题 | 归因 | 求解 | 实践 |

纪律管理是班主任的核心工作内容之一。多年的实践证明，处罚、约束等，难以形成管理长效，培养学生的自我管理能力才是纪律管理的根本。自我管理对学生来说非常重要，但不少学生的自我管理能力不高。那么，该怎样提高学生的自我管理能力呢？

一、问题：缺乏理论支持，实践效果不佳

（一）理论研究薄弱，不能有效支撑实践

关于学生自我管理能力培养，虽然能查找到一些论述，但理论研究十分薄弱，就连学生自我管理能力的概念、组成要素等现在依然没有形成统一的结论。

现在能搜索到的关于学生自我管理能力培养的论述，绝大多数是中小学教师的经验总结，不成体系，很少有理论原创、实践创新的意蕴。

（二）几乎每一位教师都尝试培养学生的自我管理能力，但效果不容乐观

广大一线教师大多通过三种途径进行学生自我管理能力培养：强化学生的自我管理意识，让学生轮流做班干部（常务的、值日的），开展丰富多彩的活动。大部分教师很少将实践上升到心理学、管理学等高度，这就造成不可能全面地、整体性地提高学生的自我管理能力的局面。

二、归因：理论界和实践界联手的机会少

学生的自我管理能力培养的研究范畴很窄，一些理论者在解决基本问题时，堆砌了一些想当然的理论模型，脱离了实践。因此，理论者的研究并没有满足实践者的需要。实践者在总结经验时，也不注重理论提升。近来，理论界和实践界才开始有联手研究学生自我管理能力培养的意识，但付诸实践的少。

造成这样的局面，有以下原因。首先，理论界更多地关注自我教育的探讨，而很少细致地关注自我管理能力的培养。不少专家、学者认为，学生自我管理能力的培养，用一篇文章就可以说明白，不宜作为一个重要的研究方向。其次，因为缺乏足够的理论支撑，实践者对学生自我管理能力的培养不够科学、全面，实践者更多地关注自己已经理解、能操作的内容。

三、求解：努力寻找理论界和实践界的结合点

学生自我管理是个古老的命题，它在学生的发展和教育中，作为一种现象和因素早已被人们所公认；但它又是个新课题，这是因为自我管理的理论依据、内在机制、评估方法、测量工具等问题时谈时新。在新的历史背景下，我们要重新认识学生自我管理，重新审视自我管理和他人管理的关系，并确立自我管理为当代学生管理的主题。

（一）寻找有效的培养策略

在实践中，广大班主任找到了一些培养学生自我管理能力的操作规程，营建了一些操作平台，形成了比较成熟的经验：引导学生关注自己的优点，提升学生自我管理的意愿；及时赋予学生选择权，让学生有机会锻炼自我管理能力；引导学生合理、有效地安排、运用自己的时间、财物；

提高学生的自我控制能力；引导学生养成自我检讨的习惯；建立规范的制度，让学生相互管理；等等。但教育现实还需要理论界和实践界继续寻找有效的培养策略。

（二）重视班主任的个性化创造

班主任的专业水平高低在一定程度上决定着培养行为是否有效。当我们强调一线班主任研习、践行专家的学生自我管理思想与改革理念时，绝不可忽视他们在执行时的个性化创造。事实上，培养学生的自我管理能力既是对班主任、学校的严峻挑战，也是为不少优秀班主任和先进学校提供了难得的发展机遇。

四、实践：理论创新与实践变革相互促进

（一）探寻合作共赢、相互促进的生长点

1. 基于实践进行理论探讨。理论界更多地基于学生自我管理能力培养的细微问题进行理论建构，这样做还远远不够。理论界应立足于广大一线班主任的实践基础，探讨在班级授课制的背景下，学生自我管理能力培养的新模式、新方法、新工具。

2. 要关注策略建构。学校管理者应提供条件，保证学生有丰富的机会提高自我管理能力。当地教育部门应创建良好的区域教育生态，提供实际支持。班主任在学生自我管理能力培养中要淡化主导影响，让有能力的学生适度自主组织活动，让尽可能多的学生真实地参与群体活动。

3. 要进行综合研究。对学生自我管理能力培养的研究，不仅要有科学研究的内涵，也要有人文研究的内涵；不仅要有事实判断，更要有价值判断。具体而论，要使用文献研究法、实证研究法、个案研究法等多种研究方法。现实呼唤理论提供者和实践者共同完成一些研究任务。

（二）学校要明确学生自我管理能力培养的重心

1.自我控制能力。它是指学生通过自己的意志努力，主动掌握自己的意识与行为的能力，主要体现为学生能控制自己的饮食量、控制自己的情感、控制自己的行为等。

2.自我计划能力。它是指学生有计划地使用自己的钱物、合理地规划自己的时间、科学地安排学习等活动的能力，体现为学生能统筹规划自己的学习与活动等，为自己制订各种短期成长计划。

3.自我调节能力。它是指学生在外界环境的作用下，不断地调节自己的意识和行为以适应环境的能力，体现为学生上课时努力保持注意力集中，积极参加各项活动，不吸烟、不喝酒等。

4.自我选择能力。它是指学生对身体内外所及的一切方面的一种择定能力。学生只有具备选择能力，才能真正主宰自己。学生的选择能力受限于受教育程度、经济基础、环境、性别等各种现实因素。

5.自我服务能力。它是指学生自己动手服务自己的成长、整理自己所处的空间环境的能力，体现为学生能处理好日常的吃、穿、住、行等。只有具备自我服务能力，学生才能摆脱依赖，走向独立自主。

（三）班主任要建构班级自我管理结构形式

应以"纵横建制，职能并举；双线管理，网络健全；团队带头，组织引导；专项承包，责任具体；合作竞争，自我加压；自我分析，追求卓越"为基本框架，建构起学生全员、全程、全域参与的自主化管理框架。

1.纵横建制，职能并举。这是该班级管理结构形式最直接的外显标志。传统的班级管理组织结构系统是单向延伸构建起来的，要么是"班主任 — 班干部 — 小组 — 学生"，要么是"班主任 — 班长（有时团支书也代行班长的一部分职能） — 各委员 — 小组 — 学生"。在这里，班级最基础的人际组织 —— 小组的最主要职能就是轮流值日，管控纪律。班级事务繁杂，不是忙坏了班主任，就是忙坏了班干部。而纵横建制则充分利用现行教室内一般座次排列横竖成行的特点，赋予小组管理新内涵，力避上述弊端。它既横向（也可以纵向）保留传统的值日组，又纵向（也可以横向）根据每位学生的兴趣、爱好、特长列出“班委组”“学习组”“体育组”“宣传组”“劳卫组”“团队组”“文艺组”“其他组”八个专职管理组（见图 3-1）。

这样，轮到卫生值日（或值周）的一组（八名）学生，也就是一届人员齐备的“值日班委”或“值周班委”时，每位学生都有机会“执政”一周，参与班级管理与服务工作。

一组	□	□	□	□	□	□	□	■
二组	□	□	□	□	□	□	□	■
三组	□	□	□	□	□	□	□	■
四组	□	□	□	□	□	□	□	■
五组	□	□	□	□	□	□	□	■
六组	■	■	■	■	■	■	■	■
	体育组	学习组	宣传组	班委组	团队组	劳卫组	文艺组	其他组

图 3-1　纵横建制座位排列图示

注：1.“□”为编制组组员，“■”为编制组组长。

2. 纵、横方向根据班级教室容量、学生数量等具体实际而定。

2. 双线管理，网络健全。双线管理，即常务班委会和值周班委会共同管理班级。

常务班委会设常务班长一名，常务班长负责班级所有事务，向班主任负责，还要指导值周班委会中总负责的一名班长开展工作。常务班委会还设有学习委员、纪律委员、体育委员、劳卫委员、安全保卫委员、文艺委员、生活委员、宣传委员（由团支部宣传委员兼任）等。这些班干部主要负责班级的日常学习、量化检评、文体卫生、公物管理、班费支出、评优树先、对外宣传等工作，并协助、督促、指导负责相关班务的各值周班干部开展工作，向常务班长负责。对常务班委会的考核每月进行一次，由常务班委会考核小组评价划等（可分为"优""良""一般""差"四个等次）。

值周班委会管理体制也就是值周班长制。值周班长制是指每6名学生一组组成一届班委会，负责本周班级的所有事务。值周班长在6名学生中经民主推选产生。其中，1名学生总负责班级事务，任值周班长，其余5名学生分工负责班级的学习、体育、卫生、纪律等班级日常事务。周一晨会时值周班委发表"施政"演讲，然后开始管理班级。周五举行两届值周班委的交接仪式。值周班委在周末要写出详细的工作总结，周一课间操时评估上一周班委的管理情况，划分等次（可分为"优""良""一般""差"四个等次）。值周班长负责一周的班级管理工作，负责一天当中大大小小的班级事务，并做好值周记录，写出心得体会。值周班长，也是当周的班主任助理，他不是摆设，而是"实权人物"。在值周班长考核小组的监督下，值周班长具有部分班级管理权力，班主任不在，值周班长（常务班长也可）可代其参加学校召开的有关班级管理的会议。值周班长（特别是常务班长）作为学生代表，进入班级管理的最高决策层，为班级管理出谋划策，有利于提升班级管理策略的正确性和科学性。

3.团队带头，组织引导。在班级管理中应充分发挥团支部（少先队）的先进作用，做好学生的思想工作，带动全体学生参与班级管理。班级管理主要通过三种途径来发挥团支部（少先队）的作用。一是设立"团队之家"园地（也就是教室后面的壁报），以手抄报（有周报和日报之分）的形式宣传有关政策规定、先进理论，及时表扬优秀学生，由全体学生轮流负责。二是设立班主任信箱。学生有什么困惑或疑问，可以往班主任信箱里投信反映，团支部组织学生予以解答，也可以让班主任解答，或面谈，或回信，以增进师生、生生之间的沟通、交流。三是成立由团员组成的志愿者服务队。比如，每一节课前为老师准备一杯水，学生患病时由志愿者服务队负责送其到医院治疗，等等。

4.专项承包，责任具体。专项承包是指除了常务班委会和值周班委会管理班级外，又分公物（黑板、投影仪、鱼缸等）、行为（化浓妆、说脏话等）、情感（谁最近情绪不高、谁和谁闹矛盾等）三方面，让每位学生承包其中的一项来管理班级。应画出公物承包管理图，形成行为承包管理规定，每人一份，明确负责人承包哪一处、哪一项，规定每位承包者的职责范围，并逐渐建立起一套规章制度，如《日常行为专项检查承包分工》《规范坐姿的有关规定》《专项承包者工作开展情况反馈操作规程》等，并完善检查、监督体系，实现"班级的事，事事有人干；班级的人，人人有事干"。

5.合作竞争，自我加压。在班级管理中，"合作标兵"是这样产生的：每个学期，让每一位学生根据自己的兴趣、特长，选定班内的另一位学生结对子，我们把被选定的另一位学生称为"合作对象"。每一位学生要发挥自己的特长，带动自己的"合作对象"，使其也具备这一特长或发展这一方面的爱好。同样，在"合作对象"的帮助下，这位学生也要基本具备某一特长或发展某一种爱好（"合作对象"擅长的特长或爱好）。到学期末，由班主任和班委考评，看是否完成了既定的合作任务，如完成，这两位学生就同时被评为"合作标兵"。"竞争标兵"是这样产生的：在每个学期，让每位学生选一位各方面素质都超过自己的同学，与他比赛，比赛内容包括学习、纪律、特长发展等，每一项按一定的标准赋分，平时积累，学期末统计，若五项分数之和超过了自己的竞争对手，他就会被评为"竞争标兵"。

6.自我分析，追求卓越。自我分析的具体做法如下。学生取得进步时、犯错或出现失误时、对某一问题或现象感到不解或困惑需要帮助时，要写自我分析书。逢周五、月末、学期末、学年末也要写自我分析书。学生取得进步时，要在分析书中写明进步的体现、取得进步的原因和存在的不足等，并确定今后的努力方向。学生犯错或出现失误时，要写明犯了什么错、犯错的原因、长期这样做的后果、改正措施等，并确定今后的努力方向。学生对某一问题或现象感到不解或困惑，需要帮助时，要分析自己的心理状况、有什么困惑或不解以及需要同学、家长和班主任做点儿什么。每周五、月末、学期末和学年末，学生要写阶段性自我总结，从思想、学习、特长发展等方面及时分析，既要看到自己的进步成长，也要分析现在的不足，并明确今后的努力方向、实施措施，不断完善自己。每学期发给每名学生一本"自我分析录"，每周五填写。学生写好分析书后，交班主任签署建议，然后填到相应的表格里，自己存档，以便日后使用。

第四章

卫生保持之本：源头控制

| 问题 | 归因 | 求解 | 实践 |

抓好班级卫生工作是班主任的主要工作内容之一。大多数情况下，班主任、学生投入大量时间、精力，班级却没有出现常规化的"窗明几净"。那么，班级卫生工作通常会出现哪些问题，问题出现的根源是什么，又该怎么解决呢？

一、问题：投入与产出不成正比

（一）打扫时间充分，教室里却总有零星的垃圾

每天上课前、放学后，学生投入了大量时间打扫卫生。尤其是放学后，是学生打扫卫生的"最佳时间"。因此，教室里没人在的时候往往是最整洁的。只要一有学生出现在教室里，卫生状况就不容乐观了，要么是玻璃被学生涂抹了，要么是地上有废弃物。换言之，教室最需要整洁的时候，却往往是不整洁的。

（二）定时倾倒垃圾，垃圾桶周围却总有垃圾

尽管值日生每天会在固定的时间去倾倒垃圾，但到下午放学的时候，垃圾桶里往往还是有大量垃圾，显得脏乱。垃圾桶本是收纳垃圾的地方，有时却成了"制造"垃圾的源头。

（三）采取惩罚措施，被惩罚的学生却少有改变

当学生出现失误或犯错时，一些班主任经常会让学生去清理卫生死角，以此作为惩罚。更可怕的是，这种惩罚甚至成了一些班主任的"工作传统"，学生也默认了这种惩罚并执行。这种惩罚看似严厉，但被惩罚的学生快速发生积极改变的并不多。

二、归因：没厘清卫生工作的基本逻辑

（一）没厘清卫生打扫与卫生保持的实践逻辑

班级卫生工作包括卫生打扫与卫生保持。卫生打扫，是要把班级的校园卫生责任区（下文简称"卫生区"）、教室打扫干净，是一个由"脏"到"净"的过程，要处理人（卫生打扫者）和物（垃圾、卫生工具、卫生区）的关系。卫生保持，是要保证校园、教室里不再出现人制造的垃圾，是一个由"净"到"更净"的过程，既要处理人（卫生打扫者）和物（垃圾、卫生工具、卫生区）的关系，更要处理人（卫生保持者）和人（制造垃圾者）的关系。从本质上分析，卫生保持也是一种卫生打扫行为。卫生打扫、卫生保持的行动追求是一致的，都是为了让校园、教室里没有垃圾。从劳动量上分析，卫生打扫的劳动量高于卫生保持。从难度上分析，卫生打扫的难度低于卫生保持。从完成时间上分析，卫生打扫的时间比较集中，卫生保持的时间比较零散。

一些班主任由于没有厘清卫生工作的基本逻辑，对卫生打扫、卫生保持的努力目标、实践重心、行动策略不能进行有效区分。于是，不管是学校管理者还是班主任、学生，都把努力重心放到了卫生打扫上，而忽视了卫生保持。有些学校管理者、班主任意识到了卫生保持的重要性，往往也只是要求学生在某个课间、中午等特殊时间段里，快速地去捡捡卫生区里的垃圾。从严格意义上分析，这实际上还是卫生打扫行为，而不是卫生保

持行为。

这也与班级授课制有直接关系。目前，班级授课制依然是我国中小学校教育的基本形式。一般情况下，大多数班主任都会把打扫卫生安排在第一节课上课前和放学后。由于学生早晨忙着交作业、准备上课，时间比较仓促，卫生打扫往往不够彻底。放学后，学生投入了大量时间、精力打扫卫生，这是一天中卫生打扫最彻底的时候。除非有上级领导来学校视察、检查，学校一般不允许在课间打扫卫生。因此，在放学前，学生在卫生打扫上投入的时间比较少，甚至是不投入时间。在卫生区、教室里，明明有垃圾，即使班主任和学生发现了，往往因为时间短，他们也会等到放学后再集中打扫。另外，尽管值日生每天都会倒垃圾，但大多是在早晨上课前或下午放学后倾倒，其余时间，很少有值日生去倒垃圾，垃圾桶里的垃圾自然会越攒越多。

当然，卫生保持也与学生的自治能力有很大关系。一是对值日生的自治能力要求较高。他们要有效地选择卫生工具、卫生保持方式等，还要敢于提醒那些乱扔垃圾者带走垃圾。二是对普通学生的自治能力要求较高。要求每位学生能有效控制自己的行为，不随意扔垃圾。学生的自治能力参差不齐，难以要求人人都能有效地控制自己的行为，保持好卫生。班主任要想引导每位学生都做好卫生保持工作，就必须投入大量时间、精力，但班主任的工作任务很重，在这一工作任务上分配的时间是有限的。

（二）没厘清公共卫生与个人卫生的实践逻辑

卫生区、教室的打扫与学生个人卫生的保持是相辅相成的。大多数班主任关注的是卫生区、教室的打扫，在制定打扫制度时，便以卫生区、教室的打扫为基本内容。对于学生的个人卫生保持情况，班主任往往关注不到位。班主任就算关注到了个人卫生保持情况，也大多锁定在穿着是否整洁上。殊不知，如果学生连个人卫生都保持不好，又怎么能保持好卫生区、教室的卫生呢？

（三）没厘清当下问题的整改与卫生工作链条建设的实践逻辑

卫生工作就像一根链条，哪一个环节缺失或运转不畅，都会影响整体。因为班级事务较多，班主任只能采用应急思维，快速完成卫生工作。因此，一旦发现本班的卫生状况不佳，或者是班级的卫生工作被扣分了，大多数班主任往往先批评卫生委员、当天的值日生，然后就安排学生去打扫。很少有班主任从卫生保持机制是否建立、卫生打扫任务分配是否合理、学校的检查行为是否有缺陷、自己的示范作用是否发挥到位等层面，系统地分析卫生保持状况欠佳的原因，这自然不能有效发挥链条的整体功能。

（四）没厘清结果运用与方法提供的实践逻辑

对卫生工作的结果，大多数班主任只关注班级卫生工作被扣分的现象，只是批评学生卫生打扫不认真、不及时，并分析这给班级综合评估带来的负面影响。很少有班主任根据卫生工作的结果思考如何保持卫生，教学生怎样根据卫生区的环境特点选择或自制卫生工具，怎样找到卫生区的死角，怎样监督别人不乱扔垃圾。尤其是低年级的学生，不是他们不想打扫卫生，也不是不想把卫生打扫好，而是他们不会打扫卫生，这导致班级卫生工作难以做好。

（五）没厘清垃圾倾倒与垃圾投放行为监督的实践逻辑

大多数班主任和学生注重垃圾的及时倾倒，但对往垃圾桶里投放垃圾的行为监督得并不够。垃圾桶周围的垃圾大多是学生投放行为不当造成的。

垃圾桶大多放在教室后面的某个角落里，或者是放在教室阳台的一个不被人注意的角落。这样放置不便于监督学生往垃圾桶里投放垃圾的行为。很多学生向垃圾桶里扔垃圾，只是一种下意识的动作。在无人监督的情况下，学生的这些下意识动作就不一定能做到位。为了省事，有些学生会远远地把垃圾扔向垃圾桶。另外，很多学校的垃圾桶其实是塑料水桶、铁皮水桶，容积大多只有 15 升左右，桶口直径是 30 厘米左右。这样，把垃圾扔到垃圾桶外面的概率就比较高了。目前，很少有学校管理人员、班主任关注到垃圾桶的设计等问题。

（六）没厘清管理威慑与教育生成的实践逻辑

惩罚学生打扫卫生不仅不能起到教育学生的作用，还会带来负面影响。首先，被惩罚的学生，大多学习基础薄弱、学习兴趣不浓，在出现失误、犯错后，巴不得到教室外面去打扫卫生，把自己从"挨批评""受罪"的尴尬状态中解脱出来。这种惩罚往往不会让他们难堪、醒悟等。其次，这样做极容易让学生建构起错误的劳动价值观，形成轻视劳动甚至排斥劳动的观念，从而淡化自己打扫班级卫生的责任感。于是，这些被惩罚的学生自然不会认真地完成打扫卫生任务。惩罚学生打扫卫生，和环境美化、卫生教育关联不大。

另外，班主任不注重发挥示范作用。现在，大多数班主任、任课教师在教室里都没有自己负责的卫生区。既然师生共同使用教室，班主任、任课教师就理应承担一定的班级卫生责任，并在实践中履行。这样既有助于学生确立"班级卫生，人人有责"的观念，还能发挥班主任、任课教师的榜样作用。

三、求解：抓住卫生工作的根本

卫生保持是卫生工作的重中之重。实践证明，凡是卫生工作做得比较好的班级，大多在卫生保持上下足了功夫。因此，班级卫生工作的努力重心应是卫生保持。

控制垃圾产生是卫生保持的重中之重。如果卫生区、教室里没有垃坂，那还用师生去打扫吗？因此，保持卫生，重在控制垃圾产生。

对学生进行教育是控制垃圾产生的重中之重。保持卫生区、教室整洁，不仅是为了净化环境、美化环境，为学生的身体健康着想，还是对学生进行卫生教育、审美教育和修身教育的过程。

四、实践：全面落实源头控制策略

如果抓住了卫生工作的根本，就能找到垃圾出现的源头、个人卫生保持不佳的源头，也就能净化、美化校园和教室。这种卫生保持策略注重从垃圾产生的源头、个人卫生保持不佳的源头上下功夫，可称为源头控制策略。

（一）控制垃圾出现的源头

首先，班主任要从多个层面收集各种卫生数据。学校层面：收集学校公布的卫生保持量化分。日常检查、卫生大扫除、专项卫生整治等各类检查的每次检查结果都要收集，学校做出的一些惩罚、表扬通报也要收集。班干部层面：收集班干部每天检查各个小组的卫生保持情况的数据，也包括班级做出的一些惩罚、表扬通报。教师层面：班主任收集自己在检查中发现的一些问题。其次，班主任在收集班级的系列卫生成绩后，要全面分析丢分的地方在哪里、原因是什么，班级卫生保持工作是否存在漏洞，如有漏洞怎样弥补等。

制定具体的垃圾控制策略。首先，不准学生将废弃物带入教室。应禁止学生把挖来的小草、捡来的树棍等带回教室；应提醒家长督促学生及时检查书包，扔掉一些废弃物。其次，班级不设垃圾桶。只配置扫帚、簸箕等卫生打扫工具。学生进入教室后，要把废纸、用坏的文具、零食袋等扔到学校放置的大垃圾桶内，或者放在自己准备的垃圾袋内随身带走。应提醒学生每天在固定的时间清理书包，把废弃物及时扔掉。可以请心灵手巧的学生制作一些漂亮的纸盒等，用来装铅笔屑、学生要扔的橡皮泥等小型废弃物。最后，班主任要及时清理垃圾，发挥示范作用。

（二）控制卫生保持链条不健全的源头

班主任要想常态化地做好卫生保持工作，必须完善班级卫生保持链条。

卫生保持机制要健全。首先，应设立相应的检查、反馈、督促岗位。应设立卫生委员、值日班长、值日组长之类的学生管理岗位，并规定具体的检查、反馈、督促职责，让班干部在具体的时间完成具体的管理任务，并把管理结果及时公示。在检查与反馈中，要找出影响班级卫生状况的因素。比如，如果学校的检查行为存在问题，班主任要及时反馈给学校有关部门；又如，如果存在班级的卫生区靠近公共饮水机、卫生区内人流量大等特殊情况，班主任要及时向学校有关部门反映，寻求学校管理人员的理解，以便及时调整检查规则。

卫生保持分工要明确。分工要具体到某一个物、某一个点，比如，哪几块地板砖、哪一根灯棍儿、哪一个开关；每个学生座位附近的卫生保持区域也要划分清楚。这样才不会留下卫生死角。

卫生保持标准要明确。比如，黑板擦到什么程度算干净、窗帘怎样才算卫生达标等，都要制定明确的标准，并在实践中不断完善。这样做，既便于学生打扫，也便于班主任、班干部检查。

卫生保持时间要明确。首先，要明确集中打扫卫生的时间表。比如，早晨几点前完成卫生打扫，放学后几点前完成卫生打扫，课间十分钟及时捡拾附近的废弃物，等等。其次，确定个人的卫生保持时间表。应引导学生根据班级的时间安排和自己的实际情况，确定个人的卫生保持时间表。

（三）控制学生不良习惯养成的源头

班主任从起始年级开始，就要注重学生卫生保持习惯的养成。班主任可以两周为一个监督周期、分析周期，让学生在短时期内养成某一项卫生保持习惯。

要重视班干部卫生检查习惯的养成。班主任要引导班干部在相对固定的时间、地点检查卫生，反馈卫生情况，让学生意识到卫生工作"有人管""管得细"。

（四）控制卫生委员工作不得力的源头

卫生委员的选拔。班主任要在组建班级之初就注意观察学生的言行举止，寻找卫生委员的人选。比如，哪些学生勤快，不怕脏累，哪些学生有一定的组织能力等。班主任观察学生的在校表现，确定卫生委员的人选后，再请学生投票确认。

卫生委员的职数。一个班级最好配备两名卫生委员，不分主次。甲卫生委员协助班主任管理好教室卫生；乙卫生委员主要对外开展工作：完成学校的卫生检查工作、检查班级的卫生区等学校层面的卫生工作。

卫生委员的培训。班主任要在实际工作中不断锻炼卫生委员，激发、引导他们进行自主管理，在实践中获得快乐的体验，不断提高他们的组织管理素养。

卫生委员的奖惩。对卫生委员的奖励、惩处要有明确的规定，班主任要定期组织对卫生委员的履职情况的考核。另外，班主任不要总是批评卫生委员，那样会打击卫生委员工作的积极性。

（五）控制卫生保持变异的源头

明确惩罚的出发点。实践证明，学生一出错就罚打扫卫生，这会使卫生保持变异，班主任不能选取这种处理措施。如果一气之下选取了这种方式，班主任要及时做好善后工作，加强对学生的教育，引导学生正确认识班主任这样做的出发点是什么，以降低负面影响。

适当开设卫生教育课。班主任要引导学生定期剪指甲、理发，勤洗澡，保持校服整洁，在保持个人卫生、班级卫生的过程中培养审美素养。

将卫生保持工作与教室文化建设结合起来。班主任在美化教室的墙面时，要尽量选取经久耐磨的材料，这样便于打扫，也能避免墙面出现一碰就碎、一擦就掉色的情况。另外，桌椅、花盆等物件的摆放，除了美观外，要留出足够空隙，以能轻松地把扫帚、拖把伸进去为宜。教室和卫生区里尽量不要出现大型物件，这样便于实现移位式打扫。

（六）控制班主任示范不到位的源头

划分班主任的卫生责任区。班主任要协调任课教师，划分好教师的卫生区，并请学生监督班主任、任课教师的卫生保持行为。

班主任要养成打扫卫生区的习惯。首先，每天上课前，坚持打扫讲台附近的区域。其次，要养成随时捡拾废弃物的习惯。班主任在早读、课间十分钟等时间段，在教室里巡视时，要检查每个学生座位附近的地面是否干净，一旦发现废弃物就要及时捡起来。

班主任、任课教师要将自己上课时用过的废弃物带走；班主任可以建议任课教师尽量不使用单张的听写纸，尽量使用吸尘黑板擦，尽量将粉笔头放到固定的小盒子里。

对《2017级1班卫生打扫要求》的解读

为了净化教室，营造一个良好的学习环境，确保师生身体健康，特拟订班级卫生打扫的基本要求。

一、卫生打扫范围与类别

校园卫生区、教室。（解读：这样笼统描述，缺少对个人卫生保持的关注，没有意识到个人卫生保持与公共卫生保持的内在联系。）

二、关于打扫时间的要求

1. "两打扫"：每天早晨、中午各打扫一次。

2. "一保持"：全天候进行卫生保持。（解读：意识到了要进行卫生保持，却把它放在了卫生打扫的后面。这说明没有足够重视卫生保持，也没对卫生保持的时间做出具体、细致的要求，学生不好落实。）

三、室内卫生基本要求

1. "五净"。教室、走廊地面要打扫干净；班级多媒体设备、黑板要擦干净；门窗、玻璃要擦干净；讲台、窗台、墙砖、饮水机要擦干净；垃圾篓里的垃圾要倒干净。（解读：这些要求，只是笼统地提到了打扫目标"干净"。不同的区域、物品，打扫的要求是不一样的，打扫到什么程度算干净，没有明确描述出来。）

2. "四齐"。讲台、课桌、凳子摆放整齐；标语、画像、图表张贴、悬挂整齐；卫生工具摆放整齐；讲台、课桌上的书本、物品摆放整齐。（解读：这些要求，只注重物品摆放的美观，没有将其和卫生保持结合起来描述。比如，课桌摆放怎样算整齐，桌与桌之间保留多大的空隙，笤帚、拖把能不能伸进去，都没有表述明白。又如，标语、画像、图表的张贴，除了考虑美观之外，还要考虑不同年级学生的身高，从而确定张贴位置，便于学生打扫。另外，要根据张贴物的材质，描述具体的打扫方法。比如，是用抹布擦拭还是用鸡毛掸子轻掸灰尘等。）

四、校园卫生区的打扫要求

1. 地面无杂草、树叶、瓜果皮、纸屑、烟头、污水、碎石、砖头、树枝等。（解读：这里的描述比较全面。但是，"地面无树叶"的要求有些不合实际。不仅班级会做出这样的打扫要求，一些学校也会做出类似的打扫要求。只要班级的卫生区里有花木存在，这个班级的卫生区打扫在秋天和初冬时就总会被批评。因为不管学生当时打扫得多么干净，只要树上还有树叶，打扫卫生的学生一离开，总会有枯叶落下。因此，班级不要做出这样的规定。如果学校有类似的规定，班主任也要向学校反映这一问题。）

2. 树坑、花台内无杂草、杂物并保持干净。

3. 教室、走廊、楼梯间每天必须用拖把拖干净。（解读：没有明晰不同季节的打扫要求。比如，冬天就不宜用湿拖把拖地。也没根据卫生区的地面情况做出具体要求。比如，地上铺了瓷砖，就不宜用湿拖把拖地，而要用半湿半干的拖把拖地，这样学生走过后，不会留下明显的脚印。）

五、建立打扫值日制度

1. 制定教室、卫生区、宿舍打扫轮值表，并把轮值表贴到墙上的班务公布栏里。

2. 把每天的检查结果公布在班务公布栏里。

（解读：缺少对运行机制的描述，比如，轮值表的内容要求、检查结果的反馈由谁来落实、完善，等等。未注重卫生保持链条的建设。）

六、卫生大扫除的基本要求

1. 除符合日常打扫要求之外，各组要将走廊、楼梯间的玻璃、窗台、墙围、墙裙等地方彻底打扫干净。

2. 教室、寝室及公共区域内外的地面、走廊要求用拖把拖干净，墙壁不留蜘蛛网、污迹、废弃粘贴物。（解读：这不是基于消除卫生死角设计的。卫生大扫除要消除卫生死角。哪些地方日常打扫的难度大，容易留下卫生死角，哪些地方人流量大，容易被弄脏，卫生大扫除需要哪些特殊工具等问题，班主任都要描述出来，并根据班级实际情况，提出具体的、可操作的要求。）

七、所调配的应急任务，学生不得以各种理由拒绝完成

（解读：没有明确应急任务的分配原则。比如，在国庆节、元旦、中秋节等节假日，学校会调整上课时间，那么，如何分配卫生打扫任务呢？如果班主任随机分配，就会出现一些组、一些学生经常打扫，而一些组、一些学生则没有打扫任务的情况，出现不公平现象。因此，要形成"轮流原则"，要么按固定的卫生小组轮流，要么在相对稳定的要求下，由卫生委员按照班级人数重新分组，轮流完成节假日的卫生保持工作。）

八、本要求自 2017 年 9 月起执行

第五章

学习辅导之本：
个性化学习模型

| 问题 | 归因 | 求解 | 实践 |

每个学生都有自己的学习基础、学习方法，自己感兴趣的学习内容，班主任在辅导学生学习时，要满足学生的个性化学习需求。但实际上，学生的个性化学习需求很难得到满足。那么，是什么原因导致这种情况出现，又如何从根本上解决这一问题呢？

一、问题：学生的个性化学习需求得不到满足

在现实中，大多数班主任很少关注学生的学习起点、学习状态、学习需求，只会根据自己的理解、教学进度与考试要求，完成备课、教学与辅导。这样，班主任就很难找到学生的个性化学习需求，更遑论满足学生的个性化学习需求了。

班主任大多通过成绩单、访谈、观察来收集数据，往往不会使用专业的信息收集工具、收集方法。在收集信息后，班主任大多凭经验判断学生的学习需求。这样找到的学习需求，不一定是学生真正的需求。

二、归因：现有条件使班主任无法兼顾每个学生的学习需求

（一）没有科学的工具来帮助班主任分析每一个学生的学习需求

班主任可以具体从哪些方面来分析学生的学习行为，现在依然找不到比较理想的研究成果，于是也就无法建构起从小学到中学的学生学习行为

分析指标。大多数班主任只能依据自己的理解，分析自己能驾驭的内容，于是分析行为的盲目性、分析指标的片面性就难以避免。

适合班主任使用的测量工具较少。专业测量工具对测量者的要求较高，测量的时间也比较长，大多数班主任无法驾驭，难以在短时间内有效完成测量。

在日常的培训中，提高班主任的教育测量、教育统计素养的内容较少。因此，大多数班主任不能进行专业测量，只能通过成绩单、访谈与观察，依据经验判断来粗糙地完成学生分析，这样自然也就无法准确地给学生推荐学习方法、学习内容等。

（二）没有足够的免费测试平台帮助班主任收集每一个学生的学习需求

班主任要想了解学生的学习需求，最便捷、最直观的方法便是对学生进行各种诊断性测试。班主任往往没有足够的时间、能力来完成这些测试题的编制与印制，因此也就无法有效地测量学生的学习初始能力，更无法准确地找到某一个学生或某一类学生的学习起点。

目前，教育部门开发的供学生无偿使用的平台少之又少，绝大多数学习平台要收费，一些家庭又不愿意承担这项支出，而广大农村家庭、城市贫困家庭又不一定都有计算机、网络等。这些都不利于班主任借助学习平台全面地记录每一个学生的学习过程与状态。

（三）班额、课程资源等决定了班主任无法满足每一个学生的学习需求

班额不允许。不管是城市学校还是农村学校，多数学校班额较大，班主任在备课、上课、辅导时无法兼顾每个学生的学习需求，而是主要关注那些能快速地帮助自己完成教学任务的学生、扰乱了班级秩序的学生。

时间不允许。一节课连着一节课上，中间只有10分钟的休息时间，

班主任无法在短时间内了解学生对新内容的学习需求。

课程资源不允许。目前，大多数学校依然没有建立起结构合理的课程体系。学校没有能力、财力去完成对国家课程的改造，无法建构起融国家课程、地方课程、校本课程、班本课程与生本课程于一体的课程实践体系。另外，大多数学校没有建立起基于互联网技术的虚拟学习平台，自然也就无法呈现丰富的视频、文本等学习资源。没有丰富的课程资源，学生的个性化学习需求也就很难得到满足。

三、求解：为学生推荐个性化学习模型

（一）为什么要给学生推荐个性化学习模型

目前，由于各方面条件的限制，选课制、走班制依然无法在大多数学校实行，在中小学，班级授课制在一段相当长的时间内仍将存在，学生仍要在班级里按照统一的节奏学习相同的内容。基于此，班主任只能立足实际，寻求适宜的途径来满足学生的个性化学习需求。

每个学生都有属于自己的学习模型。学习模型描述了学生的个性化学习特征，反映了不同学生在学习过程中的差异。因此，要想满足学生的个性化学习需求，就应该让学生尽最大可能地运用其学习模型。但是，不是每个学生都清楚地了解自己的学习模型是什么样子的，如何去完善自己的学习模型，应该怎样运用自己的学习模型。这就需要班主任引导、帮助学生建立自己的学习模型，并不断地丰富学习模型的信息，使其具备鲜明的个性化特征，服务于学习生活。

基于上述分析，班主任给每一个学生推荐个性化学习模型就成了满足学生个性化学习需求的理想选择。

（二）个性化学习模型的建构

个性。个性既代表了一个人所具有的倾向性，表现为个体的兴趣、爱

好、需要、动机、意志、信念等方面的不同，还体现了个体在能力、气质、品德、性格等方面存在的个别差异。

个性化学习。我国学者朱许强认为，"个性化学习就是一种比较注重个人的差异性，要求教育回归对人性的关怀，使每一个人都能成为富有个性的人的学习方式"。[①]卡罗尔认为，个性化学习是指在学习者个性特征与学习环境之间努力达到的一种平衡。也就是说，它是学习者个性特征与所学知识、概念、行为方式、学习环境、激励系统及习得性技能之间的一种合理匹配，而且是一种连续的过程。2010 年 8 月，美国的 150 多位教育领导者聚集波士顿，参加关于个性化学习的专题研讨会，他们一致认为个性化学习有必备的元素。经过 5 年的探索和实践，2015 年 11 月，兰德公司访问了个性化学习领域的一些实践者，发现他们对个性化学习的必备元素有了进一步的认识。他们认为，个性化学习必须包含以下元素：①根据每个学生的个体需求、技能和兴趣来设计教学，从而完善学生的学习体系和方法；②提供大量丰富的学习经历，让学生为将来在大学和职业生涯中获得成功做好准备；③要求教师在学生学习中展现更完整的角色：设计、管理学习环境，引领教学，给学生提供专业的指导和支持，以帮助学生越来越好地掌控自己的学习。[②]

模型。模型是对一种复杂系统和过程的抽象模拟，它会简化一部分现实特征，也能真实地反映一部分现实特征。

学生模型。"学生模型的研究最早出现在智能授导系统（Intelligent Tutoring System，简称 ITS）研究中，它属于教育领域中的用户模型。"[③]

---

① 朱许强.个性化学习的理论与实践［J］.教师教育论坛，2017（3）：38.
② 弗谷森，等.个性化学习设计指南［M］.王玲玲，译.上海：华东师范大学出版社，2009.
③ 陈仕品，张剑平.适应性学习支持系统的学生模型研究［J］.中国电化教育，2010（5）：112.

因此，学生模型是用户模型的一种特例。学生模型是现实世界中的学生在计算机系统中的抽象表示，它代表了计算机系统对学生的认知。根据数据的生命周期及其在教学活动中的功能，并考虑到系统维护的便捷性，可将学生模型分为静态模型、动态模型、评价与错误诊断模型。[①]静态模型主要记录学生注册时的基本信息，如姓名、班级、学号、学习标准等。这些信息，在系统运行中是相对稳定的。动态模型主要记录学生在学习过程中动态建立起来的信息，或者会发生变化的信息，如用户的访问日志、答疑情况、考试信息、学习进展情况、知识掌握水平等信息。评价与错误诊断模型主要分析学生当前存在哪些错误概念，并给出学习评价。学生模型中学生特征描述的完整性、成长结果表征的准确性直接关系到智能学习系统能否为学生提供适当的学习策略、学习资源。

学习模型。安德烈·焦尔当等学者在《变构模型 —— 学习研究的新路径》[②]一书中，对学习模型进行了较为全面的分析，并基于不同时期、不同领域广泛使用的直接传递模型、行为主义模型、建构主义模型的优点与不足，提出了"学习的变构模型"。学习模型是学生模型的组成部分。尽管两者是一套学生成长服务系统，但两者存储的信息类型不一样。学生模型存储了学生成长的多元化信息，学习模型存储的是学习方面的单一信息。

个性化推荐。个性化推荐体现了教师尊重学生的差异性。教师研究学生的个性化学习需求、行为特征，帮助学生选择自己需要的学习资源、学习方式、学习策略。学生的个性差异表现在多个方面，但不一定非常明显，大多数学生只是在个别维度上有明显差异。因此，教师只要找到学

---

① 王陆，王美华 . ITS 系统中基于关系模型的知识表示［J］. 北京大学学报（自然科学版），2000，36（3）：439-444.
② 焦尔当，裴新宁 . 变构模型：学习研究的新路径［M］. 杭零，译 . 北京：教育科学出版社，2010.

生与其他同学的显著差异和本班学生的群体特征，就能有效地实现个性化推荐。

学习内容的个性化推荐。把海量的、无序分散的、低质的学习资源进行重组，形成知识点、有序的知识地图，并对学习过程进行跟踪，实现兴趣、个性、情感等方面的动态分析之后，班主任就能对海量的学习资源进行精准过滤，给学生推荐个性化的学习资源了。

个性化学习模型。学生的个性化学习模型是指班主任、任课教师、家长与学生一起，通过对学生的基本信息、个性特征进行提取，以及对学生与学习平台、界面的交互信息进行统计分析，运用模糊控制理论建模，进而善意地、有效地监控、干预学生的学习进展的一套个性化学习跟踪服务系统。建构起学生的个性化学习模型，就能够随时收集学生在学习中生成的反馈数据，预测、优化学习内容与学习方式，从而满足每个学生的个性化学习需求。个性化学习模型的建构，既需要教师借助传统的途径与方式，收集学生的基本信息、学习现状、学习需求，进而开发学习资源，适时地通过面谈、QQ、微信等跟踪、辅导学生，也需要教师借助信息技术平台生成的数据来分析、采集学生的基本信息、学习现状、学习需求，在线跟踪、辅导学生。

个性化学习模型的推荐。给学生推荐个性化学习模型就是要求教师依据学生的个性特征帮助学生利用线下、线上两种途径建构起属于自己的学习模型。教师根据学生的知识结构、学习目标和当前的学习状态等，给学生提供可以选择的学习环境、学习方式与学习内容，帮助学生自主地确定学习目标、制订个性化的学习计划。教师还会根据学生的学习状态来干预学生的学习过程，从而最大限度地满足每个学生的个性化学习需求。形成学生模型是班主任给学生推荐个性化学习模型的前提，也是基本依据。班主任推荐个性化学习模型、学生建构个性化学习模型时呈现出来的信息，也会变成学生模型的重要组成部分。

四、实践：个性化学习模型的建构与矫正

（一）建立内容丰富的学生模型，让学生知道自己的学习起点

学生模型的初步建构。①基本信息描述。记录学生的姓名、性别、出生年月、父母信息、联系方式等。②认知状态。认知状态反映了学生的认知过程、知识掌握程度、能力水平等。班主任要收集学生的学习准备状态、学习平台的访问状态、练习状态、测试状态、知识掌握情况、能力水平。一些特殊的认知状态可以以学生事件或现象叙述的方式留存。班主任对所观察的学生或班级现象要尽量做详细的记录，然后对叙述性文字、图片、视频等资料加以整合、分类，留存一些比较详细的、鲜活的信息。③学习风格。学习风格反映了学生所具有或偏好的学习方式以及表现出来的相应的学习特征。依据凯夫（Keefe）、奈欣斯（Nations）的观点，可以从环境类要素、情绪类要素、社会性要素、生理性要素等方面来收集学生的学习风格。对学习风格的分析重在对认知风格的分析。根据威特金（Witkin）、卡根（Kagan）、加德纳（Gardner）、帕斯克（Pask）、吉尔福特（Guilford）的观点，学生的认知风格可分为"场依存型 — 场独立型""沉思型 — 冲动型""齐平化型 — 尖锐化型""整体型 — 序列型""聚合型 — 发散型"等类型。[1]④学习经历。学习经历记录学生学习的次数，访问平台的次数，学习开始的时间、结束的时间与总时间，练习的次数，出错的次数，成绩合格与优秀的次数等过程性信息。学生模型建立后，班主任要通过面谈、书面交流等多种方式详细地向学生做出解释，让学生对自己的学生模型有清醒、全面的认识，并清晰地找到自己的学习起点。

学生模型的特征再丰富。班主任要不断地学习心理学，以及教育诊

---

① 全国十二所重点师范大学.心理学基础［M］.2版.北京：教育科学出版社，2017.

断、教育测量与教育统计等专业知识，并尝试着编制一些科学的测量工具，来分析学生的学习现状，收集学生的学习需求，并把这些信息补充到相关的学生模型中。

（二）培养学生的个性化学习能力，让学生找准自己的学习目标

激发学习动力。班主任要想引导学生持续不断地完成个性化学习行为，必须让学生具备强大的学习动力。因此，班主任就要适时地采取有效的措施，激发学生的学习动力。

培养学习路径选择能力。学习路径选择能力，是指学生根据自己的学习目的、学习经历与学习背景，自主地确定学习目标，并在目标的导引下选取学习内容、学习方式的能力。具备了这种能力，学生往往可以按照自己的学习轨道，找到属于自己的学习目标。

培养学习计划管理能力。学习计划管理能力，是指学生自主地确定学习的进度、形式、时间与地点等，有效地调控自己的学习进程的能力。具备了这种能力，学生可以有效地避开、减少外界的干扰，按照自己的学习节奏确定各个阶段的学习目标。

培养概念化能力。概念化能力，是指学生将原有知识、原有学习经历与新知识、新学习经历建立起联系的能力。具备了这种能力，学生可以激活那些相对静止的学习资源，使其变为自己需要的学习内容。

培养整合知识的能力。整合知识的能力，是指学生将获得的信息、知识进行重新组织与意义建构，变成自己的知识的能力。

培养创造知识的能力。创造知识的能力，是指学生根据教师、同学的反馈等，对自己的学习目的、学习结果进行反思，将整理过的知识进一步升华，从而创造新知识的能力。具备了这种能力，学生就可以找到较高层次的学习目标。

（三）建立结构化的学习资源库，让学生找到想要的学习内容

班主任要唤醒、强化学生的自主学习意识。学生只有成为真正的自主学习者后，才能与个性化学习系统互动。

为保护学生的隐私，这个资源库要由班主任来管理，给不同的人群不同的权限。任课教师除了提供本学科的有关信息外，对全体学生的信息有知情权。家长可以提供自己孩子的信息，也可以提供别的孩子的信息，但只对自己孩子的信息有知情权。学生可以提供自己的信息，也可以提供其他同学的信息，但只对自己的信息有知情权。

这个资源库可以存储一些专家、优秀教师、优秀学生提供的学习策略、学习规则、学习标准、评价标准等内容，以方便学生选取适合自己的学习方法等。

这个资源库可以存储各类课程知识。要建构起国家课程、地方课程、校本课程、班本课程、生本课程等丰富的课程，这样便于学生选择自己需要的学习模块。在条件允许的情况下，要提供数字化资源，让学生利用电子期刊阅览室、电子图书借阅机、百度云盘、专业网站等资源。班主任可以建立班级微信公众号、班级 QQ 群和微信群等面向不同学生群体、个体的交流平台，拓宽班主任、任课教师与学生、家长的交流渠道，满足学生定制学习内容的需求，支持更多的学生进行自主学习。

（四）寻找合适的个性化学习平台，记录学生的学习状态

师生要共同寻找合适的个性化学习平台。可以根据学生的实际选取免费使用或有偿使用的学习平台。

全程记录学生的学习状态。①课前，基于学习任务单的自主学习、合作学习。课前，学生可以利用移动学习设备接收班主任、任课教师在平台上推送的学习任务单，进行自主学习，并记录学习结果。在自主学习的过程中，学生可以联系有共同学习追求的同学，形成短暂的、不稳定的学习

共同体。与此同时，班主任、任课教师也可以收集学生发现的问题、选择的学习内容等，为备课、辅导学生等提供依据。②课中，基于课堂交互系统的师生互动。班主任、任课教师在平台上展示有价值的学习问题。学生在线学习、线下学习时，除了学习已有的资源外，还可以利用电子书包、搜索引擎查阅相关的学习资料，解决学习中遇到的问题，然后共享自主学习的结果、合作学习的结果。在学生阐释不同观点的时候，班主任、任课教师也可以进行适当点拨。任课教师也可以对课堂测评的数据进行分析，从而对学生进行个性化指导。③课后，反复学习课上的内容。学生可以立足课前、课中的学习实际，课后继续在平台中复习已学内容，或者搜集自己需要的学习内容，记录自己的学习状态。

（五）指导学生制订个人学习规划，调控自己的学习进度

制订学段的学习规划。学生在每个学段都应该有一个总体的学习规划。从小学高年级开始，大多数学生已经有一定的能力来制订学段的学习规划了。班主任要根据不同学段，引导学生制订适合的学习规划。

制定学期学习方案。每个学生在学期之初都要制定一个学期学习方案（见表5-1）。学期学习方案至少包括以下几个方面的内容：分析自己已具备的知识基础、学习兴趣以及现在的学习优势和学习问题；本学期需要统一完成的基本学习任务、自己的个性化学习任务；依据教师的教学进度、自己的实际整体安排本学期的学习时间。

制订每周的学习计划。在计划中列出一周内要完成的一般性学习任务、重点要解决的问题、每天的时间安排等。这需要班主任提供学校的教学安排等信息，并帮助学生分析可以充分利用哪些时间，然后指导学生分析重点要解决的问题和突破策略。这个计划可以简略一些，学习成绩优秀的学生可以不制订这一层面的学习计划。

表5-1　一名学生初一下学期的数学学习方案

使用时限	2018.2－2018.7	目标概述	期终考试考115分

一、存在的问题

1. 有错题没有订正。我整理了初一上学期试卷、练习中出现过的错题，没有整理到错题本中的共有76题。

2. 上课经常走神，尤其是每节课的后15分钟。

3. 如果思考了大约5分钟还找不到解题思路，我就会到百度上搜答案。

4. 初一上学期，我基本上没增加训练量，只是完成老师布置的作业。

5. 我从来没有思考过到底哪些数学学习方法适合自己，哪些学习方法不适合自己。

6. 学习自主性不强。回到家中，我很少主动安排自己的学习时间，提前完成作业。

7. 没有找到合适的学习伙伴。

8. 我很少主动分析试卷，没有寻找答题规律的习惯。

二、改进计划

1. 每天抽出时间，从练习题中找出3道题目并完成。

2. 每天把错题至少看一遍，并找相关的题目再做一做。

3. 向班主任提出调位的申请，争取坐到第一排或第二排去，在老师的眼皮底下，分神的可能性会小一些。

4. 经常画数学知识框架图，明确自己哪些知识点已经熟知，哪些还不熟悉。

5. 充分利用错题本，并请老师、同学提供一些错题，丰富自己的错题本。这样可以更多地借鉴别人的学习经验。

6. 和三班的李文文经常探讨数学学习方面的事情，可利用每天课间操前的几分钟时间和她交流。

7. 经常找数学老师沟通，接受其建议，请老师及时指出自己的优势与不足。

　　做好每天的学习安排。应分析一天中的学习时间安排、学习资源获得与利用情况、当天的关键学习任务完成的时间和支持者。这类学习安排适合那些学习基础比较薄弱的学生。班主任可以设计一些表格，以方便此类学生操作。

（六）留足时间，让学生不断地验证、矫正个性化学习模型

减少控制行为。在不影响班级正常秩序、不给学生带来伤害的前提下，像上课时必须坐得腰板挺直、回答问题时右手要举过头顶、书包必须放在桌子的左边等规训要求可以放弃。班主任的规训、控制行为少了，学生自主探究的空间就大了，这样，他们才有机会验证自己的个性化学习模型是不是适宜的、健全的。

留足探究时间。班主任在学生验证、矫正个性化学习模型的过程中，不能因为效果还未显现，就随意指责、横加干涉，抱怨学生验证不到位、矫正不及时。

及时完善模型。在给学生推荐个性化学习模型后，班主任要及时观察学生的学习行为是否发生了改变，是否有阶段性效果，并和学生一起，根据实际适当地调整个性化学习模型的建构内容，使其更有针对性。

第六章

文化建设之本：
班本课程

| 问题 | 归因 | 求解 | 实践 |

每个班级在组建、发展的过程中，都会自然地形成一种独特的班级文化。为了形成健康的班级文化，班主任会选取不同的方式、方法。伴随着班主任课程意识的苏醒，不少班主任依托开发班本课程来形成本班的班级文化。目前，尽管班本课程在班级文化的形成中发挥着独特的作用，但班本课程开发的规范性亟待提高。

一、问题：班本课程开发的规范性不强

（一）合法性有待论证：政策依据未明确

现在，不少班主任在开发形式各异的班本课程，并取得了一些收获，但班本课程的政策依据并不明确。换言之，在广大班主任展示的研究结果与实践形态中，国家的政策法规、地方性规定关于是否允许班主任开发班本课程，并没有明确的论断，班本课程开发的合法性难以得到证明。

（二）必要性有待论证：理论探讨较薄弱

目前，在课程理论中并没有专门针对班本课程的系统论述。已经在报刊上公开发表的一些文字，大多是一些研究者关于班本课程开发的理性思辨，或者是一些班主任的实践经验总结，均没有上升到理论建构的层面。没有系统的理论建构，班本课程开发的逻辑起点、基本概念、存在价值、开发形式、开发内容等将难以被阐释清楚，这必然引发对班本课程开发必要性的争议。

（三）可行性有待论证：实践逻辑没理顺

大多数班主任基于自己对班级现状、学生需求的理解来分析班本课程开发的可行性；有的班主任极具功利性，以能不能形成自己的工作特色、能不能吸引外界的眼球来分析班本课程开发的可行性。因此，学生需要什么样的班本课程，学校允许开发什么样的班本课程，家长希望开发什么样的班本课程，班主任的课程素养有没有达到班本课程的开发要求等必须回答的问题，都没经过必要的、规范的可行性论证。

二、归因：没有正确认识班本课程的性质

（一）没论证清班本课程开发的政策依据，自然无法彰显其合法性

班本课程有广义和狭义之分。

首先，班主任依照有关规定，对国家课程、地方课程与校本课程进行班本化改造后，会形成一种独特的国家课程、地方课程与校本课程的落实形态。这些在班主任任教的班级落实的课程形态就是班本课程的一种存在形式，也是一种普遍存在的形式。学生在某一个学段的学习时间有多长，这种形态的班本课程就会存在多长时间。其次，一些课程意识强的班主任，会立足本校、本班、班主任自身的条件基础，为了满足当下这一届学生的成长需求，不依附于国家课程、地方课程与校本课程而单独开发一些课程。这些课程存在的时间可能只是一个学年、一个学期，甚至只是一个星期、一天。因此，那些在课程规划下的班级品牌活动的策划与实施、班级特色教学内容的开发、社团活动、学科特长生培育等，尽管只在本班实践，但因为有目标、有方案、有课时、有内容、有评价，便也是规范意义上的班本课程形态。从广义上理解，班本课程有两种存在形态。从狭义上理解，班本课程只有一种存在形态，就是上文中提及的后一种班本课程形

态。大多数班主任经常提及的班本课程，只是狭义的班本课程。

这两种班本课程开发形态都缺乏规范的合法性论证。目前，大多数学校并没有建立起丰富的课程体系，依然是国家课程占据学生的主要学习时间。大多数班主任受传统学科教学习惯的影响，按照有关规定，将二度开发后的国家课程呈现在备课本、课件、作业、试卷中，认为只要在上课时不发表反动言论，没有学科知识点的缺漏，不讲错知识点，就是遵守了国家的课程政策。班主任没有动力再去有条理地完成一个完整的论证过程，以证明自己改造过的国家课程是有政策法规依据的。

另外，由于国家、地方教育部门没有专门制定对狭义的班本课程的管理规定，所以班主任在开发狭义的班本课程时，要遵守的是学校做出的关于课程的命名原则、课程纲要的撰写要求、课程展示版面尺寸与颜色搭配、使用活动场地的注意事项等具体规定。只要遵守这些规定，班主任就可能得到学校管理者的表扬、在课程建设评估中得到较高分、被优先推荐参与优秀班主任的评选等。因此，大多数班主任没有动力再去论证这样做是否有政策法规依据。学校出台的这些规定，大多没有经过规范意义上的论证，只是凸显了本校的特殊要求。

（二）脱离学校的课程规划，自然无法彰显其必要性

在学校课程的总体规划中，每种课程都有独特的存在价值。班主任应当基于学校课程的总体规划来开发班本课程，让其自然地融入学校的课程体系，服务于校本育人目标。如果脱离学校的课程规划，班主任独立地开发班本课程，那么班本课程在一所学校、一个班级的合理性就应该受到质疑。但是，大多数班主任在开发班本课程时，很少提到班本课程与学校课程规划的关联。

（三）无法保证班本课程的审议质量，自然无法彰显其可行性

目前，大多数学校仅仅关注了国家课程与地方课程的校本化改造、校

本课程开发的审议，班本课程的审议并未被列上议程。大多数学校仅仅是对班本课程建设的检查内容、评比方式等做了规定，但不是基于课程审议提出的要求。

班主任、学生应该是班本课程审议的发起人与参与主体，但在实际的课程审议中，课程专家、学校管理者是各类课程的审议主体。即便班主任、学生有机会参与课程审议，他们的参与作用也会被忽视。

进行班本课程审议，需要班主任具备一定的课程开发能力，但大多数班主任满足不了这一要求。面对综合性强的班本课程审议，有些班主任试着做了，但做得比较粗浅；有些班主任没有足够的思想素养、理论素养来论证班本课程的依据、属性与特征等。

三、求解：寻找并确认班本课程开发的依据

（一）具有合法性：开发班本课程有政策依据

开发班本课程回应了新一轮课程改革的呼唤。2001 年 6 月，教育部发布了《基础教育课程改革纲要（试行）》，第八次课程改革开始。这次课程改革的追求之一就是将课程开发权赋予学校、教师和学生。因此，班主任、学生开发班本课程是享受教育部赋予的课程权利的体现。基于此，任何管理部门、学校都不能剥夺班主任开发班本课程的权利。

开发班本课程回应了教育部"加强班主任工作"的呼唤。2006 年 6 月颁布的《教育部关于进一步加强中小学班主任工作的意见》规定："加强中小学班主任工作，对于贯彻党的教育方针，全面推进素质教育，把加强和改进未成年人思想道德建设的各项任务落在实处，具有十分重要的意义。""努力营造互助友爱、民主和谐、健康向上的集体氛围，形成有特色的充满活力的班级和团（队）文化。"2009 年 8 月 12 日，教育部在《中小学班主任工作规定》中规定："政府有关部门和学校应为班主任开展工作创造有利条件，保障其享有的待遇与权利。"这两份文件是教育部发布

的关于班主任工作的新规定，各级教育部门、学校一直在落实。因此，班主任开发班本课程，建设独特的班级文化，加强学生的思想道德建设，是落实这些规定的体现。

（二）具有必要性：班本课程具有独特价值

班本课程是学校课程体系的一个组成部分。班本课程与国家课程、地方课程、校本课程有不同的开发逻辑，它的开发目的、开发主体、开发内容和实践重心与其他课程都不相同。国家课程、地方课程是由国家教育部门、省级教育部门组织开发的，基于全国、本省的学生需求来设计；校本课程大多是由学校组织教师开发的，基于本校学生的需求来设计；班本课程是由教师组织开发的，基于本班学生的需求来设计。开发班本课程不是对国家课程、地方课程与校本课程的内容进行拓展、加深，而是对这三种课程形态进行统整，增强课程内容与现实生活、班级实际、学生需求的衔接性、融合性。区分清楚了四种课程形态之间的关系，班本课程独特的存在价值也就凸显出来了。

班本课程是班级文化建设体系的一个组成部分。一个班主任负责一个班级的学生教育、学生管理与班级建设后，就会开展多种班级文化建设活动，以便快速地形成一个有向心力、稳定、有序的班集体。与其他班级文化建设活动相比，班本课程的系统性、结构性与一贯性最突出，因此，班本课程便成了最基本也是最有效的班级文化建设活动。

（三）具有可行性：开发班本课程有多重推动力

有"主体需求"。班主任开发并实践班本课程印证并践行了劳伦斯·斯腾豪斯（Lawrence Stenhouse）的"教师作为课程研究者"、约瑟夫·J. 施瓦布（Joseph J. Schwab）的"教师作为课程实践者"、亨利·A. 吉鲁（Henry A. Giroux）的"教师作为课程批判者"的课程观，是教师维护专业尊严的重要体现。

有"对象需求"。与国家课程、地方课程自上而下的开发逻辑不同，班本课程是遵循自下而上的逻辑开发出来的，这有助于精准发现并快速满足学生的个性化成长需要。开发班本课程的最大受益者是家长、学生，自然会受到家长、学生的普遍欢迎。

有"机制需求"。现在，行政班教学、教学班教学依然是中小学最基本的教学形式。班级授课制的教学形式需要班本课程。各类课程经过班主任改造后"落地"在一个班里，就成了该班的班本课程。每个班主任在一个班里上课时，将学生需求、教育主张、班级文化建设活动等纳入课程规划，它们就成了该班的班本课程。

四、实践：在班本课程文化自觉中生成班级文化

既然班主任开发班本课程具有合法性、必要性与可行性，那么，在班本课程的开发过程中，就会形成一种独特的班本课程开发文化。基于此，班主任要想让班本课程开发不再盲目、随意，真正走上规范化开发的正道，就要实现班本课程文化自觉。班本课程文化自觉，是指班主任在对班本课程的开发依据、实践内容与发展方向有了理性认识后，逐步形成健康、先进的文化信念与行为准则，并自觉付诸实践，在开发出高质量的班本课程的同时，不断地实现班本课程文化的改造、丰富与重建。班主任要想实现班本课程文化自觉，必须从课程价值取向选择、课程纲要撰写、课程内容建构、课程开发方式建模、课程管理与评价等多方面系统地建构起一种实践范式。

（一）课程价值取向的自觉

课程开发与实施的过程体现为一种价值赋予的过程。因此，价值取向是实现班本课程文化自觉的首要问题。班主任可从价值特性的坚守、价值选择的引领与价值实现的载体搭建三个方面来努力。首先，班本课程具有

综合性、统整性的突出特点，这有助于满足学生的综合性成长需求。这就要求班主任在班本课程开发的过程中，具备稳定的文化主体意识，坚守班本课程的价值属性。其次，班主任应选择一种走在时代前列的，对社会发展、学生成长有导向作用的社会主流文化来引领班本课程的价值选择。最后，班主任对显性班本课程的课程内容、开设时间、开设地点等有自主空间，就更能满足本班学生的个性化需求，有助于班级文化气象的生成，所以，班主任要以显性班本课程开发为价值实现的基本载体。

（二）课程规划的自觉

班主任可以着重规划三个方面的内容。首先，规划出内在关联性。班主任要规划出班本课程与学校整体课程的内在关联，要规划出课程目标、本班学生的个性化需求与课程资源的内在关联，要规划出不同学期不同类型的班本课程的内在关联。其次，规划出适宜的课程数量。由于班本课程的开发人力有限、资源支撑相对不足、实施空间较小、服务的人群相对单一，其实施时间以学期或学年为宜，所以班主任不可能大量地开发班本课程。开发数量以能满足本班大部分学生的成长需要为宜。在课程规划中，如果发现仅有几个学生需要某一课程，可以用单独辅导或小群体辅导的形式来代替班本课程开发。最后，规划出稳妥的实施时间。学生在校学习的课时量是有限的，不能让班本课程挤占国家课程、地方课程或校本课程的课时。因此，最稳妥的办法是从国家课程、地方课程与校本课程中整合出一部分课时来，或者与综合实践活动结合起来，安排学生在家中、社区中实践课程内容。

（三）课程纲要撰写的自觉

班本课程规划成功的重要表征，就是撰写出一份要素完整的课程纲要。首先，把基本要素表述完整。课程纲要应包括项目说明、背景分析、特色说明、课程目标、课程内容、课程实施、课程评价、所需条件等要素。项目说明：简要地概述开发教师、课程名称、课程类型、学习时限、授课对象、是否选修等；背景分析与特色说明：解读政策来源、学生与家长的需求评估、资源调查等内容；课程目标：目标定位应具有可操作性，目标内容应揭示学习结果，目标要求应有层次性，目标描述应明确具体；课程内容：以图表的形式呈现课程模块、单元设计、专题设计、主要内容、课时数等要素；课程实施：阐明教学的主要方法、组织形式、学法指导、学分认定、课时、场地、设施、班级规模等；课程评价：说明评价方式、评价内容、评价结果等；所需条件：阐明班本课程的顺利实施需要学校、班主任自己提供什么样的条件。其次，表述班级文化建设的整体性与连续性。班主任不仅要把要素表述全面，还要阐明各个要素之间是怎样相互联系、相互支撑的，是怎样实现本班班级文化的整体建构的。

（四）课程开发模式选择的自觉

根据开发目的，可将班主任的班本课程开发模式分为三种：基于"学生喜欢什么"的需求主导模式、基于"班主任能做什么"的条件主导模式、基于"班主任想要什么"的目标主导模式。每种开发模式的出发点、聚焦区域不一样，班本课程开发的内容设计与实施策略就不一样。尽管三种开发模式各有侧重点，但不是截然独立的。那么，班主任怎样通过班本课程的开发来满足学生的需求，怎样把现有的开发条件运用起来，又怎样与创建班级特色结合起来呢？单纯地用哪一种开发模式都不能解决这些问题。班本课程开发没有一个相对固定的开发模式，只能是班主任、学生、家长等多方力量不断碰撞、协作选出来。

（五）课程内容建设的自觉

班本课程的内容要体现综合性，以便承载综合性的学生成长文化，满足本班学生的个性化成长需求。国家课程、地方课程被班主任创造性地改造后，变得更适合本班学生的成长现状。班主任在解读学校的育人目标、课程规划后，选择适宜的内容在本班落实。班主任在分析班级现状、学生的共性和个性等实际情况后，梳理出学生的成长需求，并根据需求来确定班本课程的开发主题。每位班主任都有自己信奉的个人教育哲学，并据此形成自己的教育主张，班主任要将自己的教育主张转化成课程内容。

（六）课程管理的自觉

课程管理要实现规范化。班主任要自主管理自己开发的班本课程。班本课程不一定有专门化的学校部门进行管理和监督，因此班主任要突出课程管理的自主性，形成一些相对规范、全面的自我约束制度，既需要自我监督，也要请学生、家长进行监督。班主任可以借助建构形式丰富的档案库来规范自己的课程开发行为。档案可分四类：自编教材、教案、课件、视频等课程资源，作业本、学习活动记录等学生学习成果，课程论证会会议记录、课程申报书、开发过程中的要事记录、阶段反思、评价结果、工作总结等过程性资料，论文、著作、公开课等研究成果。

课程管理要富有弹性，灵活多样。班本课程管理直接面对每一个学生，是一项多层次、多结构、多因素的复杂活动。中小学生的不确定性高，而班本课程的开设时间又不一样。不管是落实对广义的班本课程的管理，还是加强对狭义的班本课程的管理，班主任都不宜在一个月、一个学期或一学年内提出过于统一的课程管理要求，宜实行弹性课程管理，针对不同的课程形态，不同年龄、不同学习基础的学生，分课程、分类别、分层次、分时期对学生提出课程管理的要求。

（七）课程评价的自觉

班本课程开发包括筹备、编制与使用三个阶段，每个阶段都要进行课程评价。首先，在筹备阶段进行背景性评价。班主任对班级师生的发展水平、学生与家长的需求现状、现有的资源基础、与学校其他课程形态的关联性、学校给予的空间等信息做出综合判断，进而确定班本课程开发的可能性。其次，在编制阶段进行实质性评价。班主任要考察班本课程的构成部分、构成要素及序列化学习活动安排是否合理。课程纲要是基本的评价对象。一般情况下，实质性评价是与班本课程的修改、试用等环节一起进行的，并构成一种循环往复的过程。最后，在使用阶段进行诊断性评价。在使用过程中，班主任应对班本课程的优缺点进行判断，澄清班本课程在维护中存在的缺陷并拟定弥补措施。班主任要集中围绕班本课程的开发哲学与学校的办学哲学、学校课程整体设计哲学是否一致，班本课程对学生是否有吸引力，班本课程是否还有拓展、完善的空间，学生是否达到了班本课程的开设目标等问题进行评价。

CASE ANALYSIS 案例分析 **对《"时出"课程纲要》的解读**

班本课程纲要是班本课程生成的计划文本，是班本课程开发的元基点"产品"，没有它就不会有其他"产品"的问世。班本课程纲要是班主任进行课程开发和教学的指南，是学校进行班本课程审议、管理与评价的基本依据。因此，班主任要撰写出高质量的班本课程纲要。以下为《"时出"课程纲要》及解读。

一、项目说明

课程名称：时出

开发教师：王立华

课程类型：品格与社会·阳光文化类

课时：两个学期，共 36 课时，每周约 1 课时（班会）

开设对象：2012 级 1 班学生

开设时间：2012 年 9 月至 2013 年 7 月

物质要求：根据具体的教学内容做准备

教学资源：教师自编、整理的文本、视频类课程资源

（解读：在项目说明中，班主任简要地叙述开发教师、课程名称、课程类型、学习时限、授课对象、是否选修等。项目说明的文字要准确、简练、一目了然。）

二、课程开发背景

（一）班级学生的成长现状

学校地处山东省临沂市兰山区与罗庄区的交汇处，招生区域为十里堡社区、大埠东社区。2012 级 1 班的学生绝大部分为这两个社区的原有居民，一部分是外来务工人员子女。无论是家庭的生活状态还是学生的成长状态，都一般。

家长往往处于一种矛盾、混沌的状态。他们对子女的期望值较高，期望子女通过上学提高自己和家庭的社会地位，常根据自己的成长经历去评价孩子，对孩子往往抱怨多、肯定少，亲子关系往往不融洽。家长文化水平较低，缺乏正确的家庭教育理念和科学的家庭教育方法，面对孩子的不良行为，常常束手无策。部分家长甚至对孩子起到负面作用。有些家长不重视家庭教育，他们把孩子送到学校学习的主要原因之一是希望学校能替代家庭对孩子进行教育。不少家长的综合素养较低，无法完成有效的家校联系。

学生的成长呈两极分化的状态。①少数学生各方面表现比较优秀，但这样的学生所占比例很低。②大多数学生不愿受班级纪律、学校制度的约束；喜欢结成小团体，常常不分是非地维护小团体利益；喜欢用说大话、打架来解决他们与同学的矛盾；学习准备严重不足，面临各种学习困难，对学习没有信心，学习动力不足等。

（二）阳光学生的培养目标

1. 核心内容。①把学生培养成遵规守纪、坚守良知，勇于承担责任，自信、幸福地生活，行为大方、得体的当代公民。②实现学生的全面发展、多元发展、个性化发展与持续发展。

2. 阳光学生的核心特征。①健康。热爱体育锻炼，具有良好的卫生习惯和坚强的意志。②大气。举止得体，在各种场合都能展示自己优秀的一面。③自主。有一定的自我约束、自我教育、自我管理、自我设计、自主实践的能力。④文明。具有讲文明懂礼貌、团结互助、诚实守信、遵纪守法、勤俭节约、爱护公物的优良品德，并能从一点一滴、一言一行做起。⑤自信。爱学习、善思考、勤实践，具有强烈的求知欲和上进心，发奋读书，努力学好各门功课，积极参加形式多样的课外、校外活动，接触自然、了解社会，有一定的实践能力，善于独立思考，具有创新精神。⑥责任。具有成就事业、回报家庭、报效祖国的理想，并把这种理想化作日常的具体行动，表现突出。热爱学校，具有强烈的主人翁意识，并能把这种主人翁意识化作日常的具体行动。⑦荣誉。在体育、音乐、美术、科技制作、发明创造、卫生保持、纪律遵守等方面为学校争得荣誉，为同学做出榜样。

3. 阳光女生的核心特征。①经常面带微笑，温柔大方。②活泼而不失稳重。③清秀纯洁、朴素善良。④心直口快、聪颖、随和。⑤善解人意。⑥有个性。⑦能听取别人的意见，有主见。⑧充满自信和朝气。

4. 阳光男生的核心特征。①大胆、勇敢。②幽默、诙谐。③思维敏捷、善于变通。④好学。⑤团结同学、重友情。⑥集体荣誉感强。⑦有主见。⑧热心助人。⑨有强烈的上进心。⑩勇于承担责任，有魄力。

（解读：班主任在确定课程目标时，要确保班本课程对学生和学校有一定的适切性，需要分析课程开发的背景，说明课程特色。课程开发的背景分析是制定课程目标的重要依据，包括政策来源解读、学生与家长的需求评估、资源调查等内容。）

三、课程特色

（一）"时出"的哲学追求：体现"阳光教育"的要义

通过反复推敲，我提炼出了我校追求的"阳光教育"的内涵。阳光教育是一种以保护学生的天性、启蒙学生的心性、展示师生的个性为价值核心，以不断地提升师生的生命价值为目的，以具有阳光精神、拥有阳光力量、生发阳光气象为建设内容的学校教育形态。这里的"阳光教育"是一种教育价值的追求和在此指导下的教育实践。

班本课程"时出"的哲学追求体现了学校追求的"阳光教育"的要义。

（二）"时出"的文化来源：《中庸》中的经典段落

2012 年 9 月，为了给班级确定一个名字，我和学生商议后决定从传统文化经典中选取。当时，我正引导学生读《中庸》，不少学生从《中庸》中选取了一段文字："唯天下至圣，为能聪明睿知，足以有临也；宽裕温柔，足以有容也；发强刚毅，足以有执也；齐庄中正，足以有敬也；文理密察，足以有别也。溥博渊泉，而时出之。"我们从中选出"时出"二字作为班级文化的核心词。"时出"的意思是时时都会把自己的优秀素养表现出来。意在引导学生全面地提高自己的素养，并随时展示自己的优秀素养。然后，我引导学生慢慢推敲出班级文化的标准用语。"班级名称：时出 1 班"，"班训：溥博渊泉，而时出之"，"成长目标：有临、有容、有执、有敬、有别，做一个温暖的小太阳"。

为了营建班级文化，我决定编写班本课程"时出"。

（三）"时出"的内容规划：基于学校的整体课程规划

我校经过慎重规划，意图在"七色阳光"大学科的视野中，形成我校独具特色的"阳光课程"体系。①在小学、初中九年一贯制的背景下，整合国家课程、地方课程，形成学生更易于接受的课程体系。②形成具有可选择性的校本课程体系，为学生织就七彩人生。③班班有自己的"班本课程"，打造独特的"阳光班级"文化，培养个性显著的"阳光学生"。④形成框架化的"师本课程"，提高课程内容的适切性、丰富性。⑤力争让学生有自己的"生本课程"体系，这样既能满足学生自己的成长需要，也能满足本班学生的成长需要。⑥形成"阳光家校"课程体系，整合家长、社会义工等教育资源。

我开发的班本课程"时出"，基于学校的整体课程规划，意在打造"时出1班"独特的班级文化，培养个性显著的学生。

（解读：班本课程的特色说明，包括班本课程特色与学校特色的关联性、班本课程的独特性等内容。本部分清楚地描述出"时出"课程与学校"阳光教育"、儒家经典《中庸》的关系，厘清了"时出"课程与学校的"阳光课程"体系的关系，体现了"时出"课程的存在与开发价值。）

四、课程目标

1.通过阅读、记忆、鉴赏《中庸》中的相关段落，熟知"时出""有临""有容""有执""有敬""有别"的基本内涵。（解读：清晰地揭示学习目标。）

2.通过对"时出"课程进行文本阅读、视频观赏，熟知"时出""有临""有容""有执""有敬""有别"的延伸意义，并对这些核心词给出自己的理解。（解读：目标要求应有层次性。这种层次性，既体现为不同时期的学习目标要有层次性，也体现为对不同学生的要求要有差异性。让学生谈自己对"时出""有临""有容""有执""有敬""有别"的理解，学生的理解多有差异。）

3.在课程学习中，要结合自己的成长背景，稳固地树立起做一个优秀初中生的意识，并在实践中找到能满足自己的成长要求、让自己优秀起来的方法、内容。（解读：制定班本课程目标，不是为了吸引学生的眼球，而是为了引导学生的学习方向，目标理应具有可操作性。目标定高了，学生实现不了，便会自动放弃；目标定低了，学生轻松地就能完成，对学生意义不大。另外，确定课程目标时，不能忽视学生的成长背景。）

4.课程学习结束后，养成随时随地通过一些小细节来展示自己的优秀素养的习惯。（解读：目标描述应明确、具体。）

（解读：班本课程目标应具有开放性。班本课程目标并不是一次确定好就不再改动，而要在实践中不断提炼、完善。班本课程的目标起初可以简单一些，甚至粗糙一些，但在课程实施中要不断完善。这不是说在课程实施之初就不确定具体的课程目标，而是课程目标的确定方向、确定维度是明确的，只是个别具体的目标落实点、语言表述可以在课程实施中逐步完善。）

五、课程内容

课程内容如表6-1所示。

表6-1　课程内容

学期	主题	专题	学习内容概述（班主任准备部分）	课时
七年级上学期	主题一："时出"的源头	专题一：修道之谓教——走进《中庸》	学习材料：注音版《中庸》、甲马创意团队制作的《中庸》视频。了解《中庸》的基本内容、《中庸》在儒家经典中的地位，以及对中国人的影响。	2

续表

学期	主题	专题	学习内容概述（班主任准备部分）	课时
七年级上学期	主题一："时出"的源头	专题二："时出"的来历	主文本：《中庸》中有关"时出"的段落；辅助文本：《太阳》《如果我不曾见过太阳》。分析《中庸》中的相关段落，熟知"时出"的基本内涵与延伸意义。	1
		专题三：道不远人——人人能成为优秀的自己	主文本：《活在世上都有过人之处》。明确成为优秀的自己的可能性。	1
		专题四：言顾行，行顾言——时时展示优秀素养	主文本：《盲女孩的光明世界》《向着明亮那方》；辅助文本：《心送》《一日就是一生》。学习如何时时处处展示自己的优秀素养。	1
	主题二：有临	专题一：时时有临	主文本：《每个人都有影响力》。学习如何时时调控自己的世界。	2
		专题二：有临自我	主文本：《八岁，一个人去旅行》。学习如何调控自我的行为。	1
		专题三：有临家庭	主文本：《并非每个父亲都是神》《父爱永不缺席》；辅助文本：《一厘米的痛有多痛》《石头里的春暖花开》。学习如何调控自己与家人的关系。	2

续表

学期	主题	专题	学习内容概述（班主任准备部分）	课时
七年级上学期	主题二：有临	专题四：有临集体	主文本：《国王的演讲》（含电影《国王的演讲》）《王者之声》；辅助文本：《伟大的梭伦》《把慈善做成好看的事》。学习如何调控自己与集体的关系。	2
	主题三：有容	专题一：时时有容	主文本：《致十八岁》；辅助文本：《我好像得了诺贝尔奖了》《总统的13个电话》《一世得体》。	1
		专题二：性格有容	主文本：《杨绛这一百年》；辅助文本：《玛格丽特的微笑窗台》。学习如何成为一个性格健康、情感健全的人。	2
		专题三：仪表有容	主文本：《陈立夫：天涯涕泪一身遥》；辅助文本：《晚明的才子》。学习如何成为一个讲究穿着礼仪的人。	1
		专题四：话语有容	主文本：《老祖宗传下的说话礼仪》；辅助文本：《中国人的礼貌》。学习如何成为一个讲究交谈礼仪的人。	1
七年级下学期	主题四：有执	专题一：时时有执	主文本：《"听风楼"里的冯亦代》；辅助文本：《美丽的坚持》《我们所缺失的》。在学习中领会坚持对一个人一生的重要性。	1

续表

学期	主题	专题	学习内容概述（班主任准备部分）	课时
七年级下学期	主题四：有执	专题二：信仰与有执	主文本：《那些失去的优雅与温厚》。在学习中正确地理解信仰与执着的关系。	1
		专题三：在执着中成就自己	主文本：《从卡车司机到〈阿凡达〉导演》《一根筋》；辅助文本：《马克·扎克伯格的"脸谱"》《疯狂的自我人体实验》《我们都不是神的孩子》。	1
		专题四：坚持到第4天	主文本：《我的励志书》。在学习中分析自己的优势与不足，找到属于自己的坚持方法。	2
	主题五：有敬	专题一：时时有敬	主文本：《有意思无意义的人生》；辅助电影：《美丽人生》。在学习中领会：人不能把自己经营成一桩生意，不管外在条件多么恶劣，都要活出自己的美丽人生。	2
		专题二：敬畏英雄	主文本：《一半是冰山，一半是火焰》《辛亥年的血》《布拉格，面对坦克的英雄》；辅助文本：《长衫老者》。在学习中领会：每个人都有可能成为英雄，我们既要敬畏做大事的英雄，也要敬畏平民英雄。	1

续表

学期	主题	专题	学习内容概述（班主任准备部分）	课时
七年级下学期	主题五：有敬	专题三：敬畏自然	主文本：《向上的风》《灵异现象背后的科学解读》；辅助文本：《2050，地球客满？》。在学习中领会：大自然有自己的存在哲学，人类不应该随意解读并做一些错误的事情，要寻求人类的理想未来。	2
	主题六：有别	专题一：时时有别	主文本：《爸爸有些话想送给你》。在学习中领会每个人与别人都不一样。	2
		专题二：独特的中国人	主文本：《琼瑶的泰坦尼克》《番薯》《中国在我墙上》《把名字刻在华盛顿纪念碑上》《中国式温暖》《为什么中国妈妈是一流的》；辅助文本：《假如乾隆遇见华盛顿》《谜一样的民族》《美国人的脑子》《德国和高纬度性格》。在学习中理解中国文化的独特性。	2
		专题三：依靠自己	主文本：《有些事，只能一个人做》《第三条道路》；辅助文本：《奥巴马女儿的生存费》。在学习中，领会独立自主的价值，并尝试熟悉一两种独立自主的方法与策略。	1
		专题四：表达自己	主文本：《一堂哲学课》。学习如何通过自己擅长的方式展示自己。	1

续表

学期	主题	专题	学习内容概述（班主任准备部分）	课时
七年级下学期	主题六：有别	专题五：证明自己的价值	主文本：《时间是等人的——写给一位初中生》；辅助文本：《活着就为改变世界》《霍金是怎样"炼"成的》《灰姑娘的水晶之恋》。在学习中熟悉成就自己的策略。	2
	结语	让自己走得更远	主文本：《筷子拿得远的人》。总结自己七年级的生活质量，并确定应对八年级生活的基本策略。	1

（解读：班本课程内容是在课程目标的基础上确定的，限定了课程专题、教学内容、活动项目等。在条件允许的前提下，班本课程内容应适当地体现出与国家课程、地方课程和校本课程的联系，特别是与校本课程的联系。一般情况下，班本课程内容以图表等形式呈现，包括课程模块、单元设计、专题设计、主要内容、课时数等。班本课程"时出"设计了六个主题，每个主题下面又设有几个不同的专题。）

六、课程实施

（一）学习：阅读与写作相结合

学生在阅读文本、观看视频的同时，解答一些鉴赏性问题，然后以微写作、手抄报、小论文、微视频、课件、海报等形式呈现自己的学习体会。

（二）授课：班主任讲解与学生自主阅读、自主观看、讨论交流相结合

"时出"所选的文本大多文质兼美，可读性强。基于此，课程实施以学生自主阅读、欣赏、讨论、交流为主，班主任适当讲解。

（三）管理：班主任辅助管理与学生自主管理相结合

课程开设之初由班主任进行管理，慢慢地过渡到由学生进行自主管理。不仅班主任提供文本、视频，全班学生也搜集相关的文本、视频，由班干部负责场地的布置、专用教室的联系及维护等，最终达到由学生自主组织、管理的目的。

（解读：班本课程的实施部分，主要阐明教学的主要方法、组织形式、学法指导、学分认定、课时、场地、设施、班级规模等。）

七、课程评价

不仅要关注最终的学习结果，还要关注学生的日常成长表现，对学生的学习过程进行评价。课程评价要采用学生自评、小组互评、班主任评价相结合的方式，以评价促进学生在实践中提升素养，并随时展示自己的优秀素养。

（一）评价内容

包括课前准备、上课参与热情、作品评价三部分，这样便于评价学生在整个学习过程中是否都在展示自己的良好学习状态。课前准备包括文本、视频搜集的时限以及内容的相关性两项评价内容；上课参与热情包括课堂纪律、学习热情两项评价内容；作品评价包括作品完成的时限、创意两项评价内容。

（二）评价主体

学生本人、小组同伴与班主任共同参与评价。

（三）评价方式

学生自评、小组互评、全班同学互评、班主任评价四种方式相结合。

评价主体使用《"时出"课程学习过程评价表》（见表 6-2），并随时记录学生在学习中的一些特殊表现，将其作为评价的主要依据。课程学习结束后，由学生自己提供一份完善的作品，进行展示性评价，全班学生全部参与评价每一份作品（见表 6-3）。将过程性评价成绩（占 70% 的分数）与展示评价成绩（占 30% 的分数）综合起来，形成每一位学生的最终评价成绩。

表 6-2 "时出"课程学习过程评价表

学习内容：			学习时间：	评价对象：
打分指标	打分区间		学生自评	小组互评	班主任评
A1. 课前准备（10分）	B1. 每周三之前发送文本、视频（5分）；晚于周三但于本周结束前发送文本、视频（2分）；不发送文本、视频（0分）。B2. 搜集到的文本、视频跟下一周的学习专题相关性大（5分）；搜集到的文本、视频跟下一周的学习专题相关性不大（2分）；搜集到的文本、视频跟下一周的学习专题没有相关性（0分）。		不参与	组长登录班级公共邮箱，根据发送情况打分。 B1 分数：	根据文本、视频质量打分。 B2 分数：

续表

学习内容：		学习时间：	评价对象：		
打分指标	打分区间		学生自评	小组互评	班主任评
A2. 课上参与热情（40分）	B3.上课时严格遵守纪律（20分）；上课时偶尔分神，但不影响周围的同学学习（10分）；经常违纪（0分）。 B4.上课时积极思考、发言、参与讨论（20分）；能积极思考，参与个别问题的讨论（10分）；不积极思考，不参与讨论、发言（0分）。		B3 分数： B4 分数：	B3 分数： B4 分数：	审议学生打的分数后再打分。 B3 分数： B4 分数：
A3. 课后作品质量（20分）	B5.按时交作品（10分）；晚交作品（5分）；不交作品（0分）。 B6.作品符合要求，质量高；不符合本次作品的要求，但有创意（10分）；作品质量不高，基本符合要求（5分）；完全不符合作品的要求（0分）。		B5 分数： B6 分数：	B5 分数： B6 分数：	B5 分数： B6 分数：
班主任评语			总分		

表6-3 "时出"最终学习作品评价表

作品名称	1. 作业名称： 2. 作业形式：□微写作 □手抄报 □小论文 □微视频 □课件 □其他形式		作者		评价时间	
指标	**打分区间**		**分数**			
作品的字数、规格、数量等基本要求（10分）	遵守全部要求（10分）；遵守大半部分要求（6分）；只遵守一两项要求，但比较认真（2分）；不遵守要求，应付性完成（0分）。		1. 学生自评分： 2. 同伴（姓名： ）评价分： 3. 班主任评价分：		最终平均分：	
作品的修改痕迹（10分）	有3次以上修改痕迹，做出了实质性修改（10分）；有修改痕迹，但没有做大的调整（5分）；没有修改痕迹（0分）。		1. 学生自评分： 2. 同伴（姓名： ）评价分： 3. 班主任评价分：		最终平均分：	
作品的创意（10分）	创意突出，自己单独完成或集体完成都可以（10分）；有创意，但创意不突出（5分）；没有创意（0分）。		1. 学生自评分： 2. 同伴（姓名： ）评价分： 3. 班主任评价分：		最终平均分：	
班主任评语			总分			

（解读：对班本课程的评价，主要说明评价方式、评价内容、评价结果等。班主任在描述课程评价时要考虑评价的主要方向、评价理念，以及评价的具体方法等。另外，要重视学生自评、同伴互评。课程评价可以用文字描述或图表的方式呈现出来。）

八、所需资源

（一）"时出"的文本、视频，以及学生搜集到的文本、视频资料

（二）网络硬盘

储存"时出"的文本、视频，让学生择机阅读、观看；密码共享，学生也可以上传一些文本、视频。

（三）"时出1班"博客

可以把一些文本、视频以及学生的作品等上传到博客，便于学生交流。密码由班主任、班干部、热心的学生掌握。

第七章

| 问题 | 归因 | 求解 | 实践 |

学生评优之本：发展性教育

近年来，中小学优秀学生的评选（以下称"学生评优"）一直是个让人揪心的话题。在肯定它发挥了独特作用的同时，还应看到它存在的诸多不足。尽管广大班主任从不同方面进行了改革，但仍没有从根本上突破一些瓶颈。因此，非常有必要建构新的学生评优范式，以打破学生评优的僵局。

一、问题：差额式学生评优遵循的是甄别性管理范式

目前，大多数学校在评选优秀生时，仍把优秀生的名额分配到年级、班级，由班主任在差额评选中推出优秀生。这种差额评选遵循的是甄别性管理范式，使学生评优变成了一种甄别性管理行为。

（一）学生评优价值定位上存在的突出问题

学生评优起初是为了鼓励优秀生，鞭策后进生，但在实际操作中，过于强调学生评优是为了找到优秀生，放大了其甄别、选拔、管理功能。

（二）学生评优标准的制定上存在的突出问题

首先，学生评优的标准是着眼于全体学生的，大多是相当完美的宏观描述，往往缺乏对学生个体实际的关注。其次，学生评优的标准大多是基于学生的语言智能、逻辑 — 数学智能、肢体运动智能与音乐智能的发展

现状形成的，以学生学习成绩、纪律遵守情况与音体美特长为基本内容，不能涵盖学生的各种智能、成长行为，不利于预测学生今后的发展趋势。

（三）学生评优主体的选择上存在的突出问题

目前，学生评优的主体比较单一，大都由班主任来主导评选过程，学生自评和同学互评没有真正发挥作用，更缺乏家长和社区人士的参与。

（四）学生评优方式的选取上存在的突出问题

现在，学生评优的项目、标准、程序等大都是班主任设定的，忽视了自我评价方式的选取。另外，学生评优往往都是从上往下分配名额的。分配名额时学校往往只考虑了各个班级的人数，没有关注各个班级实际发展水平的差别。

（五）学生评优效益的发挥上存在的突出问题

首先，学校、班主任组织优秀生评选，是想给学生提供近期成长的榜样，让其他学生"复制"优秀生的成长经历。但是，每个学生都是独立的个体，其成长轨迹是独特的，不能复制别人的成长经历；每个优秀生的成长轨迹都是独特的，不会被别人复制。因此，优秀生的榜样示范作用难以得到长时间发挥。其次，学校、班主任在评选出优秀生后，不管是发奖状、奖品，还是在宣传栏里展示，介绍优秀生的事迹，都是想给学生传递一种信息：优秀学生"不白做"，会得到表彰、奖励，大家都应当争做优秀生。这只会在发奖前后"诱惑"中小学生，随着时间的推移，这种导向作用会趋于平淡。最后，这样从横向上进行学生评优，在评选出优秀生的同时，还会间接地"评选"出后进生。这将打击后进生的成长积极性，也使学生评优的鞭策效应大打折扣。

二、归因：学生评优遵循甄别性管理范式的主要因素

（一）影响学生评优价值定位的主要因素

在选拔性评价的背景下，班主任所做的工作往往是为了找到学习成绩相对优秀的学生，以便向高一级学校输送生源。于是，学生评优也以学生的学业成绩为主要评选依据，侧重其甄别、筛选功能。

（二）影响学生评优标准制定的主要因素

学生评优标准要根据收集到的学生成长信息来确定。在实践中，班主任收集到的大都是对比性信息。班主任往往会运用对比性信息对学生进行分类，以形成不同规模的学生群体，这样便于完成管理行为。因此，立足于这些信息，班主任往往会制定一些宏观的、便于区分学生目前成长质量的评优标准，而无法顾及每一位学生的成长实际。

（三）影响学生评优主体选择的主要因素

首先，学生评优片面地强调和追求学生成长质量（主要是学业成绩）评价的精确化、客观化，往往不允许学生参与评优内容的选择、评优标准的制定，从而忽视学生的主体性和能动性，使学生的自评变得无足轻重。其次，家长、社区参与学生评优的机会普遍较少，往往由班主任主导评选过程。

（四）影响学生评优方式选取的主要因素

中小学的班额普遍过大，为了尽快完成大量的工作任务，班主任往往会通过管理来达到目的，无暇追求精致的教育行为，学生评优方式的选取自然也不例外。

（五）影响学生评优效益发挥的主要因素

不注重长期效应，是功利主义的教育倾向在作怪。每个学段的教师大

多只关注学生在本学段的成长，往往不会为学生在其他学段的发展着想。学生评优也是如此，只关注当前，自然无法关注长期的效应发挥。

三、求解：建构发展性教育范式是学生评优改革的必然选择

与甄别性管理范式相比，发展性教育范式关注学生的智能结构、性格志趣、优势特长，肯定学生的成长表现并引领学生不断走向优秀。

（一）学生评优价值的定位：从甄别性管理走向发展性教育

首先，应把学生评优当作"育种行为"去落实。要珍视学生的独特个性，充分关注学生的个体发展需要；意识到学生有可能变得很优秀，或在某一方面是优秀的。这有助于培育学生自信、快乐的种子，有助于学生不断地完善自我。其次，应把学生评优当作见证成长的过程。班主任应有效地引导学生制定个性化的发展目标和自评标准，给学生提出有针对性的发展建议，从而让学生体验、见证自己的成长过程。

（二）学生评优标准的制定：从选拔走向发现

班主任应和学生一起，在系统搜集、整理学生的成长信息后，对学生的变化情况进行价值判断，据此形成系统的学生评优标准。这些标准的制定，重在让学生发现新的自我，能肯定优秀学生的发展行为、普通学生良好的发展趋势，强化学生发展自我的意识，促进学生在现有的基础上更进一步。

（三）学生评优主体的选择：从以班主任为主走向以学生为主

在制定学生评优标准时，班主任应与学生一起完成。在收集学生评优信息时，要发挥学生的积极作用。在形成学生评优结果时，班主任要鼓励学生积极开展自评、参与互评。在发挥学生评优效益时，班主任更要与学生密切合作，共同制定改进措施。

（四）学生评优方式的选取：从以他评为主走向以自评为主

学校、班主任在选取学生评优方式时，既要有他评，更要有自评，并要以自评为主。班主任评判和同伴互评，能帮助学生辨别自己的优势和不足。学生在自评中可以论证、明晰自己应当达到什么样的成长目标，现在的发展状况如何，如何展示和证明自己的成长质量，等等。

（五）学生评优效益的发挥：从注重横向对比走向注重纵向自我发现

首先，通过发挥优秀生的辐射作用，引领落后的学生走向优秀。其次，学生评优结果出来后，学校、班主任还要引导学生正确认识自己的优势与不足，确定新的优秀生培养方向，引导学生不断发现自己的潜能，遇见更优秀的自己。

四、实践：发展性教育范式的建构方向

（一）确立发展性学生评优的价值追求

以多元智能理论、发展心理学为基本理论支撑，不断探讨发展性学生评优的核心概念、基本主张等，使广大班主任确立起发展性学生评优观念。

（二）建构序列化的学生评优标准框架

要设置多样化的评优项目。可以设置选拔类学生评优项目，如学校"年度优秀学生""十佳学子"等，设定一个时限，明确学生评优的标准、规则，让有发展优势的学生向着目标努力。可以设置发展现状鉴定类学生评优项目。这主要是针对有特长的学生设定的，意在鼓励特长生。可以设置促进潜能发掘类学生评优项目。意在让学生立足自己的成长现状，对照优秀生标准，找到差距，以便发展自我。可以设置及时肯定类学生评优项目。班主任要及时了解学生的成长状况，然后设置每周"进步之星""单

元学习进步奖"等评优项目。

对每种评优项目还要设计申报层次，可分为基础奖、发展奖、优秀奖三个层次。比如，"自我服务"这一领域的"自尊自爱奖"，班主任可以设计三个层次的奖项："自尊自爱·基础奖""自尊自爱·发展奖""自尊自爱·优秀奖"。

（三）形成便捷化的学生主体性发挥机制

要发挥学生的主体作用，班主任要让学生意识到，什么样的学生才是优秀生、什么样的行为才是优秀行为，尤其要分辨出自己是不是一个优秀生和自己的行为是不是优秀。可以通过建构以下两种机制来提高学生的这种意识。

形成学生的自我观察与记录机制。可以使用档案袋记录法，让学生记录一段时间内自己的情感、态度、价值观、知识技能等方面的变化和进步情况。学生既要记录自己的优秀行为和进步，也要记录自己的不足之处。

形成学生的自我监督与反省机制。可以以两周为一个周期，鼓励学生借助一定的载体对自己的日常行为习惯、品德发展等进行自我反省、自我监督与自我矫正。

（四）选用自主化的学生评优申报方式

在固定时间段自主申报优秀生项目。学期初，学生形成自己的创建项目。学期末，学生根据自己的成长情况填写优秀生申报表，注明申报理由后，申报相应的优秀生项目。最后，班主任和任课教师、学生代表一起根据学生的申报材料，确定学生是否符合相应的条件。不限制申报人数，具备条件的学生都可以申报。

随时申报优秀生项目。学生的成长速度是不一样的，学校、班主任理应让学生根据自己的成长速度随时申报一些优秀生评选项目，并进行认定。

学生可以不参加任何奖项的申请。如果学生能客观、理性地看待自己的成长，自己又对外在评价不感兴趣，就完全可以不参加任何奖项的申请。学校、班主任可以让学生以写日记、总结等方式肯定自己某一个时期的成长质量。有些大型团体活动，学生普遍参与了，都有成长，通常不适合再进行所谓优秀团队、优秀学生的评选。

（五）注重动态化的学生评优效应

督促学生保持良好的发展态势。学校、班主任要定期抽查获得"优秀生"称号学生的发展情况。如果多次抽查某一名获得某项"优秀生"称号的学生，结果均合格的话，可以在学期末免评，再度授予该生这一荣誉称号，并用基础奖、发展奖、优秀奖予以区分。如果抽查不合格，则督促其在一定期限内改正、提高，否则追回证书，取消称号。

奖励要突出个性化。首先，奖状、证书的设计要有个性，能凸显背景因素。比如，可放上学生获奖的照片、校徽等。另外，设计奖状、证书时，班主任要征求学生的意见，以保证奖状、证书能体现相关学生的成长内涵，让学生觉得有收藏价值。其次，奖品设置要有新意。学校、班主任要根据学生的年龄特点设置不同的奖品。奖品要多样化，尽量满足学生的需求。

CASE ANALYSIS 案例分析　对《第一届"光耀高度"十佳少先队员评选事宜》的解读

我们学校曾组织过一次学生评优创建活动。共有 68 名学生参与了这次创建活动。每位创建者要引领身边的同学在两周内展示自己优秀的一面。当时，在校生一共 799 名。这次学生评优创建活动，调动了全校学生的积极性。

这 68 名学生在创建前期十分努力，部分学生看到角逐"十佳少先队员"无望后，便专心创建单项奖。在两周内，这 68 名学生通过自我评价、自我激励，确定了自己的申报目标，这是他们近期或将来的成长方向。以下为《第一届"光耀高度"十佳少先队员评选事宜》（节选）。

一、奖项名称

"光耀高度"十佳少先队员

二、参与学生

小学部、初中部 14 岁以下的学生

三、奖励

泰山游学一日（把游学作为奖品，调动起了学生的参与积极性，也提升了奖品的教育内涵。）

四、评选标准

（一）报名基本条件

具备阳光学生的基本特征 —— 健康、大方、自主、文明、自信、有责任心、有集体荣誉感（具体内容略）。

（二）评选条件

1.形象整洁（10 分）。①自主创建部分。保证自己的校服是整洁的，同时引导本班的 5 名同学保持校服整洁，连本班的 5 名同学一起抽查。抽查时,5 人中有 2 人次穿着不整洁扣 1 分。②榜样示范部分。找到 5 名（班内、班外均可）穿着不整洁的同学，引导他们保持校服整洁。

2. 卫生楷模（10分）。①自主创建部分。保持本班负责的厕所、卫生间、洗涮间清洁。如本班没有负责的区域，可以自主申报负责学校的某一处卫生。项目组老师在上课时间抽查。②榜样示范部分。找到5名（班内、班外均可）乱扔废弃物的同学，引导他们保持环境卫生。（解读："形象整洁""卫生楷模"与"爱校如家"，将学生评优和学校建设、班级建设、学生成长自然地联系在一起。）

3. 学习标兵（10分）。①自主创建部分。第一，提交一个作业本。学生围绕自己在课堂学习中不会的内容自主布置作业，作业不少于10次。（"自主作业""才艺突出"以及创建活动中设置的单项奖励，便于学生发现并展示自己的智能优势，可避免用同一套标准"套"所有学生。）第二，老师根据不同年级提供不同的测试内容。②榜样示范部分。先在本班自主组织一次学习经验交流会，然后再到别的班交流一次；和班主任、任课教师商量后自选形式，可以是主题讲解，也可以采用问答形式等，可以交流单科学习经验，也可以交流综合学习经验。（解读：这一设计既便于学生发现自己的学习优势，明确自己今后的努力方向，也能给其他同学提供帮助。）

4. 孝顺家风（10+1分）。给长辈（可以是爸爸妈妈、爷爷奶奶、姥姥姥爷等）洗头一次、洗脚一次，要有照片为证。一旦发现摆拍或有应付的痕迹，本项目不得分。如果用以前拍摄的照片、视频，额外加1分；如果用最近拍摄的照片、视频，则满分仍为10分。（解读：这一设计引导学生展示一个较长的创建过程，不再只关注当下的成长结果。）

5. 才艺突出（10分）。提交各种获奖证书、已发表文章、过级证书等，也可找老师申请现场表演。

6. 大方自信（10+3分）。①设计一份宣传自己的海报，可以自主选择张贴的位置，向全校教师、同学推介自己。②向10位以上教师介绍自己，并请相关的老师向评委会写推介信介绍自己。每多一份推介信，额外加1分，最多加3分；最高分13分。（解读：这一设计意在发挥自评、他评作用，引导学生看到自己的过去、现在的成长质量，坚定成长信心。）

7. 爱校如家（10分）。凡参加竞选的学生须给副校长写一封信，为学校的发展提出建议。

五、报名时间

（略）

六、每班不限名额

只要本人觉得满足条件，就可向班主任报名，班主任汇总后报给评审组。除了评选出"十佳少先队员"外，还可以根据学生的创建情况，设置单项奖励。

七、评选组织

（略）

八、参选人员培训事宜

（略）

九、创建时间段

5月17日至5月30日。

山东省临沂市光耀实验学校

2017年5月16日

第八章

影响力发挥之本：
非权力性影响力

班主任是影响学生成长的重要他人。班主任自觉不自觉地建构起来的班级文化体系时刻影响着学生的发展。那么，班主任的影响力是什么？班主任应该有哪些影响力？班主任应该怎样发挥对学生的影响力？

一、问题：影响学生的途径不健全

（一）靠班主任的权威来控制学生

很多班主任使用呵斥、批评、惩罚、叫家长等方式，把学生管制住。表面看来，班主任似乎把学生"收服"了。学生看到班主任，就像看到了规则、惩罚，会立马安静下来，开始准备上课、学习，或装作认真学习。但很多情况下，只要班主任一离开学生的视线，学生就会恢复"原样"。班主任在教室里和不在教室里，有些学生的表现截然不同。一旦班主任"喜欢"靠权威来影响学生，借助地域文化、家长力量等途径来影响学生的概率就降低了。

（二）放大了班主任的作用

班主任在班级生活中的特殊地位，决定了班主任容易在学生中形成影响力。这种影响力的生成往往分为两种情况：一是班主任的专业道德、专业素养很高，深得学生敬佩，在学生的眼里，只有班主任才是自己的"亲老师"；二是班主任利用自己的特殊地位，只顾自己的工作便利，不太关注任课教师的需求、学生的需求，导致只有班主任才能有效地控制班级秩序。

二、归因：对影响力的认识不到位

上述行为的产生，是因为班主任没有形成对影响力的正确认识。他们不明白班主任的影响力到底是什么，班主任的影响力是怎样产生的，班主任怎样发挥正面影响等。对影响力的认识不到位，班主任便只能根据自己的理解来发挥影响力，这样就可能会给学生带来负面影响。

三、求解：全面、深刻地理解班主任的影响力

（一）什么是班主任的影响力

班主任的影响力是指班主任在与学生、家长、任课教师等交往过程中，调控、改变别人的心理与行为的能力。能理性、正面地发挥这种影响力的班主任，不仅能带给学生正面、积极的影响，还能影响身边的同事、家长，更能影响班主任工作领域的其他研究者、实践者。那些道德威望高、专业素养强、教育效果好的优秀班主任具有较大影响力。

（二）班主任有哪些影响力

1. 影响力的基本类型。基于不同的划分指标，可以对班主任影响力进行分类。第一，以影响力来源为划分指标，班主任的影响力分为权力性影响力与非权力性影响力。第二，以影响力的影响对象为划分指标，班主任的影响力分为对社会的职业形象影响力、对教育者的专业影响力、对学生的影响力、对家长的影响力、对家庭成员的影响力。第三，以影响力的性质为划分指标，班主任的影响力分为正面影响力、负面影响力。第四，以影响力的内容为划分指标，班主任的影响力分为道德人格影响力、专业知

识影响力、专业能力影响力等。

2. 对学生发挥非权力性影响力。权力性影响力是由国家政策、学校制度、家长许可等因素赋予的，由班主任的职责、地位、权力等构成。这种影响力在面对学生时具有不可置疑性，学生自然会被动服从班主任的要求。这种影响力带有强迫性，对学生的心理抚慰、行为养成的激励作用是有限的。非权力性影响力是由班主任的素质结构、行为水平等决定的，它对学生的心理和行为影响是建立在学生信服班主任的基础上的。如果学生对班主任不信服，非权力性影响力就不会发生；一旦学生建立起对班主任的信服感，非权力性影响力就会潜移默化地影响学生，学生会主动、积极地遵从班主任的合理要求。因此，非权力性影响力对学生的影响更为深刻、持久。发挥班主任的非权力性影响力是关键，但不能忽视权力性影响力和非权力性影响力是相辅相成的，班主任应该充分利用这两种影响力以对学生产生积极影响。

3. 对其他班主任发挥专业影响力。专业影响力是班主任专业地位提升的重要标志，是整体素质在完成班主任工作过程中的智慧展示。它表现为班主任的榜样形象、权威作用和组织管理能力。在某种意义上，班主任完成工作的过程就是其发挥专业影响力的过程。班主任可以通过两种途径形成自己的专业影响力。第一，贡献独特的实践经验。班主任要基于实践经验，总结、提炼出具有可操作性的实践性知识或具有原创性的理论形态。第二，提供鲜活的实践活动个案。班主任要将专业影响力的发挥落实在日常实践中。班主任要在丰富、鲜活、不断创新的实践活动中积淀、形成自己的专业影响力。班主任可以通过自己的专业影响力来影响其他班主任，进而带给学生正面影响。

4. 对社会发挥长远影响力。对社会的职业形象影响力体现在两个方面：对当下社会风气的影响，对未来社会发展的影响。第一，对当下社会风气的影响。优秀班主任良好的职业风尚，会在社会上引起良好反响，有利于净化社会风气。一些师德败坏的班主任，会对社会风气产生负面影响。第二，对未来社会发展的影响。班主任通过培养学生来影响未来社会发展。班主任对社会产生影响，社会又对学生施加影响。因此，班主任对社会产生正面影响，就意味着间接对学生产生正面影响。

（三）班主任的影响力有什么特点

1. 全面性。班主任对学生的影响是全方位、多方面的。

2. 阶段性。学生一旦毕业，班主任对学生及其家庭的影响力就会下降，甚至消失。

3. 连续性。①在时间上具有连续性。一般情况下，一个班主任的任期至少是一个学期。在这段时间内，班主任会持续对本班学生产生影响。②在内容上具有连续性。班主任对学生的影响内容，也具有连续性，影响会比较持久。

四、实践：有效地发挥非权力性影响力

对学生而言，非权力性影响力最健康、最持久。因此，班主任要在实践中积极、有效地发挥非权力性影响力。

（一）在哲学自觉中发挥非权力性影响力

一位班主任只有澄清了非权力性影响力的概念、特征是什么，怎样才能成为具有影响力的班主任，什么样的影响力是健康的，才能在实践中不断积淀自己的非权力性影响力，最终成为一位具有影响力的班主任。在哲学自觉中，班主任对非权力性影响力有了永恒的追求，班主任的影响力也就有了哲学性格。

（二）在道德人格的锤炼中发挥非权力性影响力

班主任的道德人格必须过关。有道德人格的班主任，其道德图式在信

息加工过程中容易被习惯性地激活，不用深思熟虑就能自发进行道德推理，进而自动实践有道德的行为。基于此，班主任的道德人格成为对学生进行道德教育的丰富资源，时时刻刻"参与"班主任的教育过程。

1. 明确道德人格的组成因子。社会对教师道德人格的要求高，希望教师能起到表率、示范作用。可以从四个方面来理解班主任的道德人格。第一，道德意识强烈。班主任对自己信奉的道德信念有持续的承诺，从不违反。第二，道德理想坚定。班主任有根据自己的道德理想来完成日常工作的稳定倾向。第三，道德品质高尚。班主任要有高尚的品德，班主任的道德品质将直接影响学生的成长。第四，道德行为稳定。班主任的道德行为应稳定，不能轻易改变。在实践中，班主任要从这四个方面不断锤炼自己的道德人格。

2. 形成道德品质。首先，不断提升道德认识，建构自己的道德理想。班主任既要在人生层面努力确立自己的终极价值体系、生活与人格的理想，还要充分认识班主任的岗位价值，努力确立自己的岗位理想。其次，不断积累道德知识，把握自己的道德走向。班主任道德人格的自我塑造要以一定的教师道德知识为基础。只有积累道德知识，才能理性把握班主任道德发展的必然走向，避免陷入盲目性和随意性的泥淖。最后，不断提高道德能力，锤炼自己的道德品质。通过长期实践，班主任可以积"小善"为"大善"，养"小德"为"大德"，使自己的道德人格朝着健康的方向发展，直至形成自己的专业道德品质。

（三）在专业知识的储备中发挥非权力性影响力

如果以知识的功能为划分指标，可将班主任拥有的知识分为四个方面：本体性知识、条件性知识、实践性知识和文化知识。

1. 本体性知识。在完成学科教学时，班主任的本体性知识，是指其拥有的学科知识，是班主任开展教学活动的知识基础。本体性知识包括四个方面的知识：熟知任教学科的知识点、知识体系；熟练掌握任教学科的教学技能、技巧；熟知任教学科的发展历史与趋势，进而熟知本学科的存在价值；熟知任教学科认识世界的视角、方法与工具。在完成班主任工作时，班主任的本体性知识是指其拥有的德育知识。主要包括中华传统美德知识、世界观知识、人生观知识与人生规划知识。

2.条件性知识。班主任的条件性知识，是指班主任知道在何时、基于何种原因、在何种条件下才能更好地运用已有的知识、经验完成教学活动与班主任工作实践的知识，是班主任顺利完成教学活动、班主任工作的重要保障。即在学科教学、班主任工作实践中，如何将本体性知识以学生容易理解的方式传授给学生。班主任的条件性知识包括五类：学科教学法知识，教育基本原理知识、教育法规常识、现代教育技术知识、教育科研知识、教师礼仪知识等教育学知识，基础心理学知识、发展心理学知识、教育心理学知识等心理学知识，管理学知识，班主任工作基本理论知识。

3.实践性知识。班主任的实践性知识，是指班主任所具有的课堂情境知识、班主任工作情境知识以及与之相关的知识。班主任的实践性知识来自个人的教学实践、班主任工作实践，具有明显的经验性倾向。班主任的实践性知识包括四类：本学科其他优秀教师的学科教学经验体系，班主任本人的学科教学经验体系，其他优秀班主任的班主任工作经验体系，班主任本人的班主任工作经验体系。因此，带有整合性的实践性知识，对班主任的帮助是巨大的，但也是不容易生成的。实践性知识需要在本体性知识、条件性知识的基础上生成。

4.文化知识。班主任要具备丰富的文化知识。班主任的文化知识包括：中华民族传统文化知识，关于思考问题的哲学知识，与空间装饰、版面设计等有关的美术知识，常见病的外在表征知识，文学知识，历史知识，科学知识。

（四）在专业能力的打造中发挥非权力性影响力

以服务对象为划分指标，可以将班主任具备的能力分为基础性能力、发展性能力与再生性能力三种。

1.基础性能力。基础性能力是指班主任为了服务学生的成长，满足班主任工作需要而具备的一类能力。在这类能力的支持下，班主任便于完成一些事务性工作，有可能成为学生、家长眼中的合格班主任，但不一定能有效提高自己的素养。班主任的基础性能力越扎实，越有利于建构发展性能力、再生性能力。班主任的基础性能力包括：基本的师德修养能力、情绪调控能力、表达沟通能力、组织协调能力、班级文化建设能力、班本课程开发能力、活动策划能力、学习辅导能力、危机应对能力、心理辅导能力、人生规划指导能力等。

2.发展性能力。发展性能力是班主任既为了服务学生的成长，也为了提高自身素养而具备的一类能力。班主任的发展性能力越扎实，越能高质量地满足学生的个性化成长需求，他就越有可能成为一个优秀的班主任。发展性能力需要在基础性能力的基础上建构起来。班主任的发展性能力包括：良好的师德修养能力，专业判断能力，个性化学习模型的推荐能力，实物分析、微型课题研究等行动研究能力，自我规划能力，批判反思能力，实践性知识的生成能力，基本的写作能力等。

3.再生性能力。再生性能力是班主任既为了服务学生的成长，也为了提高自身素养，更为了号召、引导别的班主任提高素养而具备的一类能力。再生性能力需要在基础性能力、发展性能力的基础上建构起来。班主任的再生性能力越扎实，就越有可能将班主任工作中的负面影响降到最小，就越有可能成为一个有专业内涵、专业影响力、班主任工作个性的知名班主任。首先，再生性能力是与对外辐射影响、分享班主任工作个性有关的能力：决策公关能力、教育写作能力、演讲能力、现代信息技术能力等。其次，再生性能力是与对内积淀个性化内涵有关的能力：对艺术作品的鉴赏能力、学术生涯的自我规划能力、创新思维能力、教育科研能力、批判反思能力、教育写作能力等。

（五）在自省、自检中发挥非权力性影响力

1. 基于自身行为来反思。班主任应不断进行自省、自检，调整自己的工作行为。班主任要对自己的道德人格塑造、专业素养提升和日常工作行为进行自我检查、自我监督，发现自己的言谈举止、衣着仪容存在哪些不足，以形成稳定的道德行为、实践行为，正确发挥自己的非权力性影响力。

2. 基于学生的行为信息来反思。班主任还要收集学生的一些典型语言、细节等信息，并对这些信息进行整合，以此判断自己是否给学生带来了正面影响，并根据分析结果确定今后完善、补救的措施。

第九章

理论应用之本：
实践对接

班主任工作理论只是提供了班主任工作实践的原理性规定，理论的诞生并不等于具体实践问题的解决，班主任工作实践中的理论应用也并不意味着理论愿景的实现。因此，班主任工作理论的应用需要实践主体（实践主体指在基层从事班主任工作的管理人员、班主任）与理论主体（理论主体指在教育科研部门、高等院校专职从事班主任工作理论研究的研究人员）的共同努力，并在此基础上寻找、形成相互协作的有效机制。

一、问题：实践主体与理论主体角色职能的双重异化

　　班主任工作理论应用是理论现实化的需要，它需要实践主体与理论主体的共同努力，而不应是两者角色职能的截然分开，各行其是。但当下的班主任工作理论应用却存在有违这种需要的问题，甚至形成了实践主体与理论主体角色职能的双重异化。

（一）部分实践主体存在认识模糊与实践偏差

　　实践主体对班主任工作理论及理论应用存在模糊认识，直接导致理论应用行为上的许多偏差，这些偏差反过来又强化了实践主体的模糊认识。

　　庸俗化现象及其影响。很多实践主体对班主任工作理论往往是"知其然而不知其所以然"，有的实践主体甚至会根据自己的主观意志歪曲班主任工作理论。这忽视了班主任工作理论的体系性、产生的文化背景、形成

的过程及其内在的精神意蕴，必然导致对理论的庸俗化认识。在这种"理论"的支撑和引导下，班主任自然不会有健康、科学的工作实践。

教条化现象及其影响。现实中，班主任工作理论一旦形成，往往不再接受来自实践的检验与批判，变成了自我封闭的符号体系。在这种前提预设下，人们喜欢用某种固定的标准来解读、规范和批判当下的班主任工作，班主任工作理论从而演变为必须遵守的、金科玉律式的教条。面对这样的教条，实践主体的态度只能是既尊重又怀疑，这样一来出现对班主任工作理论的变相崇拜或漠视也就不足为怪了。

技术化现象及其影响。有些实践主体将理论简单地理解为可供操作的技术、方案或方法，遵循"理论 — 技术 — 实践"的逻辑路径，意图通过一系列"技术化"的操作，让理论作用于班主任工作实践。这样，班主任工作理论就异化为操作层面的技能要求，班主任工作理论应用也就成为"技师型"实践主体的技术性操作，这导致班主任工作理论应用低效，甚至走向"反动"—— 严重干扰班主任工作的正常进行。

浮躁化现象及其影响。目前，实践摆脱理论指导的现象比较严重，具体表现为一些实践主体感觉到理论不能直接指导自己的实践，于是就直接排斥理论。班主任"轻理论"乃至"反理论"，不接触新的理论成果，缺失理论的支撑，必然导致班主任工作水平的停滞不前。

（二）部分理论主体存在研究模式化

谈到对班主任工作理论应用的研究，很多理论主体往往这样认为，预先独立存在着某种或某些班主任工作理论，可以借助归纳、类比、推理等方法，对其进行逻辑分析和比较研究，找到班主任工作理论应用的客观规律，为实践主体应用理论提供一个可供操作的、一劳永逸的简易程序或理想模型。

理论主体的这种模式化研究会造成不良影响：在理论应用之前，似乎是实践决定理论，而在应用的过程中，则是理论决定实践。这就人为地造成了班主任工作理论和实践的脱离或对立。这实质上也是理论主体对实践主体的主体性、创造性的遮蔽与否认，班主任工作理论本身所蕴含的丰富的人文价值也因此被淡化或销蚀了。

（三）理论主体与实践主体一度出现职能双重异化

在实践中，若客体不仅同主体本身相脱离，而且反过来束缚、支配甚至压抑主体，这就是异化。班主任工作理论的异化现象主要表现为班主任工作理论本身一度作为目的存在，而不是作为手段存在，成为限制实践主体的"异化物"。班主任工作理论应用的目的似乎不是服务、改造当前的班主任工作实践，而是仅仅满足于理论体系自身完善的需要。理论主体垄断了班主任工作理论的建构权和解释权。

实践主体则扮演着理论消费者的角色，其主要职责在于根据有关部门的要求，依照理论主体早已设计好的理论假设与进程规划，按部就班地将理论应用于实践。这样，实践主体的理论话语权丧失殆尽，成为理论建构的局外人，异化成理论主体推广其研究成果的工具。

二、归因：理论主体与实践主体的实践断裂

（一）实践主体缺乏理论素养

理论作用的发挥与班主任的应用意识有直接的关系。有时，理论在实践应用中没有成效，未必就是理论本身存在不足，可能是班主任的应用意识、行为存在问题。班主任应用理论不当的一个重要原因就是他们对理论的认识不到位。

大多数班主任意识不到，班主任工作理论不是自然科学领域的技术标准，它只是通过解释、陈述实践，给班主任以启迪，使其生成实践智慧。这一特性决定了班主任必须注重理论积累，并不断使之与自己的实践产生碰撞，让理论知识内化为自己的理论素养。但不少班主任平时不注重班主

任工作相关理论的积淀，遇到现实问题时才开始到理论中寻找支持，幻想能在已有的理论中找到具体的、立即能用的问题解决策略和方法。他们在阅读了一些班主任工作理论之后发现，这些理论无助于他们立即解决在现实情境中遇到的独特问题。既然"远水解不了近渴"，班主任就不想亲近班主任工作理论了，转而去阅读那些经验总结、技术呈现类文字。他们实际上是把班主任工作理论当作了技术标准，即期待班主任工作理论像"说明书""实用手册""技术大全"一样，拿过来就能用，一用就有成效。

（二）理论主体缺乏实践意识

理论主体的探讨定位不准。为了增加理论研究的可信度，很多理论主体效仿自然科学的研究范式研究班主任工作，以期获得更好的问题解决办法。通过这种自然科学化的研究行为得出的一些班主任工作理论存在定位不准确的问题。"班主任"岗位的设立是国内中小学阶段班级授课制逐步建立健全的产物。随着班主任工作制的逐步成熟，它的职责范围、工作内容等岗位属性具备了中国化的特点，与别国的类似岗位有相同之处，更有明显的区别。因此，我们要放眼世界，立足国内，从我国的国情出发研究具体的班主任工作实践，并对一系列实践经验进行改造、升华，生长出真正的原创理论。这样的理论对班主任工作实践才真正具有现实价值。

理论主体的研究对象选取错位。首先，关于具体的学生个案研究的理论结果少，关于抽象的学生群体研究的理论结果多。已有的理论研究，绝大多数以"问题学生""边缘学生""学困生"等抽象的学生群体为研究对象，往往采用宏大叙事的方式，以模糊语言描述理论结果，从而保证陈述的准确性。这样的理论结果对如何研究具体的学生个案现实价值不大。因为班主任在做学生工作时，绝大多数情况下要面对的是一个个学生个体。"如何发现一个学生和一般学生的不同之处""如何分析在一个学生身上出现的特殊成长现象"等相关理论研究少之又少。另外，目前一些心理学量表有助于班主任分析一个学生的具体情况，但这些量表往往是针对所有年龄段人群设计的，对学龄人群的分析与测量而言，针对性不够强。用其他学科的知识、理论，能彻底地解决班主任工作的基本问题吗？答案是否定的。其次，关于具体的学段研究的理论结果少，关于普遍的基本问题研究的理论结果多。已有的理论结果，绝大多数以"班主任的工作原则""班主任的工作内容"等为研究对象，关注的是具有普遍性的基本问题，而对某一个具体学段的基本问题却关注较少。能回答"小学低年级班主任工作的重点是什么""初中生有什么特点""高中班主任工作的基本内容是什么"之类问题的理论结果并不多。

理论主体的理论成果内容陈旧。首先，在现有的理论文字中，关于班主任工作的逻辑起点、班主任的设置形式等内容的阐释非常机械，充斥着类似"班主任工作要有科学性、计划性、合理性"等标签式话语，但这是理论吗？其次，已有的理论文字大多数理论水平不高。比如，有一些理论研究成果只是对政策、文件的说明，并没有理论创新或独到的见解。又如，一些理论的研究方法存在问题，作者想当然，议论空泛，用抽象的价值判断代替具体的事实判断，理论结果与班主任的工作实际严重脱节。

三、求解：实践主体和理论主体的双重介入

班主任工作理论是实践主体和理论主体在思考中所形成的旨在探讨、解释和预测班主任工作现象及隐蔽在现象后面的各种工作关系与矛盾运动的自觉的、系统的总结。理论建立在事实的基础之上，是人精神活动的产物。因此，对班主任工作理论的应用，需要实践主体和理论主体双重介入，并在职能履行上相互支持、相互包容。

（一）不是理论主体为了理论而理论，而是实现实践主体的解放

要想使班主任工作理论对实践产生影响，不能忽视实践主体的存在及其内在的思想意识。实践主体有其思维范式、认知图式及行为方式。班主

任工作理论应用如果以牺牲实践主体的主体性、能动性、创造性及忽视班主任工作本身的复杂性为代价，班主任工作理论就会成为一种教条。在具体的实践主体与复杂的班主任工作实践面前，任何抽象的教条都没有立足之地。

真正的班主任工作理论应用完全可以唤起实践主体的参与感和价值认同，激发实践主体的创造性思维，为其理解班主任工作的本真提供工具，进而实现实践主体的解放。

（二）理论主体为实践主体提供认识、感悟的"思想原料"

一种班主任工作理论在离开它所产生的实践场域去作用于另外一种场域时，其自身的性质虽然不会改变，但它的辐射功能必然会发生改变，它对另外一种实践场域的干预和影响就会有所不同，有时甚至会起副作用。不存在完全相同的班主任工作实践，每一种实践就是一个实践场域，具有自身的逻辑、规则和常规。另外，班主任工作理论本身是动态发展的，处于逐步生成中，具有未定性。所以，任何理论都不能宣称自己完全能够指导、改造当下的班主任工作实践，至多只能成为实践主体的认识对象，成为能够被理解和诠释的"文本"或"符号表征"。因此，班主任工作理论的功能就不仅仅是解释和理解班主任工作实践，更重要的是对实践主体进行启蒙、启迪。正是"在理论中、通过理论"，实践主体逐渐实现自身的理论化，而实践主体通过批判的武器，达到对"理论"这一批判武器的批判，班主任工作理论也因此不断得到发展和完善。

（三）班主任工作理论应用的实施需要借助"人"这一中介，以弥补应用中的主体维度缺失

班主任工作理论并不直接作用于班主任工作实践，而是需要借助一定的中介。联系班主任工作理论和实践的中介有很多，而"人"是起决定性作用的。在以往的理论应用中，人们过多地关注理论应用中的诸

如行政手段、学校制度、理论的呈现方式等，却对班主任工作理论应用中的主体维度缺少应有的关注。突出表现为忽视对实践主体的存在状态、班主任工作理论与实践主体的相互作用机制等方面的研究；理论主体很少介入应用研究，他们好像觉得提供了理论，自己的任务就完成了。这种应用视角的褊狭，使得班主任在应用理论时见物不见人。

四、实践：班主任工作理论应用的范式转型

如何突破当下理论应用的种种局限，寻找和形成新的平台与机制，将直接关系到班主任工作理论应用的成效。要解决这一问题，必须完成从实践主体的"主位应用"到实践主体与理论主体的"共同应用"的范式转型。完成这一转型，也就实现了班主任工作理论应用中实践主体与理论主体的实践对接。综上所述，实践对接理所当然地成了当前班主任工作理论应用改革的主题词。

实践对接是指在班主任工作实践中，实践主体与理论主体共同研究班主任工作理论的应用问题，在共同的研究中实现对理论的验证、发展、完善与创生。从微观意义上讲，当实践主体努力在实践中辩证地运用理论并形成个人内在理论时，当理论主体根据实践主体的具体表现及时修正已有的理论成果时，实践主体和理论主体二者也就实现了实践与研究的二维互动，实现了班主任工作理论应用的实践对接。

（一）应用价值观改造：从追求"自在性事实"到追求"经验性事实"

希望班主任工作理论能够提供具体、可操作方案的想法，是对班主任工作理论及其应用的一种苛求或奢望。因此，班主任工作理论应用，要从追求"自在性事实"转变为追求"经验性事实"。自在性事实是指客观事物本身所固有的属性、规律与事物之间的关系，没有渗入主体的需要。经

验性事实是以客体的属性、规律为前提，通过主体本身的存在和变化而表现出来的一种事实，是价值客体的属性与人的需要发生关系而形成的新的属性与规律。

班主任工作理论本身孕育着方法、价值与意义，这是"自在性事实"。通过对方法、价值与意义的理解和探索，可以创生理论，但这断然离不开实践主体的能动性。换言之，班主任工作理论应用需要实践主体充分挖掘理论的丰富内涵，真正化理论为方法、价值与意义。这就是追求"经验性事实"。

（二）应用目标转换：从"被动消费"到"主动创生"

实践主体应以研究者的姿态来推进班主任工作，实践主体应从理论的消费者走向理论的创生者。这样，班主任工作理论应用的目标也就发生了转换：从"被动消费"到"主动创生"。

学校是检验理论的实验室，实践主体完全可以通过对一个理论分支的应用研究来系统地解决理论应用中遇到的一般性问题。因此，实践主体的教育生活里隐含着丰富的研究机会，为实践主体成为理论研究者提供了无限可能，也使实践主体处在一个极其有利的研究位置上。另外，实践主体长期以来只是被动地听从理论主体的指导，理论应用目标的转换，也有利于打造实践主体的专业形象。

鲜活的教育思想来自教育实践。综观国内 20 世纪中期以来的班主任工作改革，真正能给班主任工作带来现实价值的理论，多出自一线班主任或与一线联系密切的专职研究人员之手，因为这些理论真正关注了班主任工作的逻辑起点与价值本体。而从理论成果的表达和分享上看，实践主体使用的话语体系让一线班主任易于接受，其理论成果更便于传播、分享。

（三）应用内容重点转移：从"基础性理论"到"实践性理论"

基础性理论是有关班主任工作的概念、特征、原则等基本原理的阐述，是班主任开展工作必须具有的专业性知识。随着教育改革的推进，基础性理论已经不能满足当下班主任工作的需要。工作的新内容对班主任的专业性知识提出了新要求：班主任不仅要及时了解理论研究的最新成果与发展趋势，而且要涉猎一些相关领域、相邻学科的知识，还要把这些理论研究的最新成果应用于实际工作中。这就出现了应用实践性理论的趋势。实践性理论是班主任在完成有目的的班级建设行为时所具有的情境性知识，以及与之相关的知识、工作经验的积累与感悟的升华。在工作过程中，班主任掌握了一些实践性理论，就能了解、分析学生的心理活动和思想状态，就能界定班级的发展现状，并在特定的工作情境中做出相应反应。

（四）应用方法的新选择：从"模式研究"到"叙事研究"

模式研究导致班主任工作理论与实践关系疏远，解决这一难题的路径是多维的，但最直接的路径当是实践主体舍弃这一应用方法，选取新的应用方法。

叙事研究既接近理论，又来自实践，它从实践的视阈推进理论向实践渗透，又从理论的视阈推进实践经验向理论跃升，促进了理论与实践的视界融合。选择叙事研究，也就解决了理论与实践关系疏远的问题。

选择了叙事研究，实践主体作为当事人而不是局外人在评判自己的实践，其评判的尺度正是以往形成的个人内在理论。这样，实践主体便在实践中走向了理论，那些一时难以言表的教育智慧或存在于意识中的知识，可以逐渐成为实践主体的感悟来源，进而上升到理论追问、阐释的高度。这也就克服了传统班主任工作世界中的表述对立与分享危机，达到理论主体与实践主体的视阈融合。

（五）应用主体对话：从"主位实践"到"共同实践"

作为应用主体，实践主体与理论主体在地位上是平等的。实践主体不能苛求理论主体对班主任工作实践中的一系列具体问题做出详尽、到位、精确的回答；理论主体也不要强求实践主体成为基础理论的研究者或理论应用的主要责任者。因此，两种个体在实践中不应互相抱怨。

并不是所有的学校实践都具有创生性，有的实践只是低水平、低层次的循环和重复。要想打破这种随处可见的尴尬，必须有理论主体和实践主体的共同实践：理论主体侧重研究基本规律，为实践寻找理论支撑；实践主体侧重研究策略、方法，探求操作层面的东西。这样才能形成合力。

班主任工作世界是科学世界，同时也是人文世界。理论主体与实践主体在平等的对话与交流过程中，班主任工作理论体系中很难言说的部分以及存在于理论主体意识中表达不出来的知识，可以逐渐被实践主体理解和领悟，并运用到班主任工作实践中；而实践主体难以言表的教育智慧或存在于实践主体意识中表达不出来的知识，可以逐渐成为理论主体的体验和感悟来源，进而上升到理论追问、阐释的高度。

（六）应用研究范式转换：从"实证主义研究"到"复杂研究"

长期以来，实证主义研究范式主宰着整个自然科学研究，也不同程度地渗入教育科学研究领域。实证主义研究强调客观性和普遍性，注重还原和简化，认为在相同的环境中，人们享有相同的经验；通过去除主观性和意识形态，客观性、价值中立是可以保证的；复杂性要求人们从简单的原理和普遍的规律出发对其加以理解和把握。在这种实证主义研究范式和思维方式的影响下，研究者一度片面追求班主任工作的客观性、普遍性、确证性，将注意力放在技术操作层面。这导致班主任工作理论应用的唯科学主义与技术至上，漠视当下班主任工作的复杂性，无视实践主体的主体性，班主任工作理论也因此失去了人文意蕴，理论应用研究走向了"理论自治"或"理论自证"的形而上的思辨。

综上所述，事物的复杂性决定了人不能采用简单的、线性的思维方式对其做简约化处理，而应采用"复杂研究"来对待。具体到班主任工作理论应用研究中，复杂研究就是要求人们对班主任工作理论和实践、理论主体和实践主体做出必要的区分，不应该让彼此分离和孤立，而应该在承认各自独特性的同时，确认彼此的统一性。班主任工作理论与实践、理论主体与实践主体关系的复杂性决定了理论应用研究的重心要锁定在理论主体与实践主体在应用中的关系上。

（七）应用管理职能革新：从"控制"到"解放"

班主任工作理论应用一度按照行政管理的模式来运作，主动权掌握在上级教育行政部门手中，学校作为基层理论应用的实践个体只对上级教育行政部门负责，为实现上级制定的应用指标而努力。而班主任工作的烦琐性又导致班主任在实际工作中没有充足的时间学习新理论。为了保证理论应用的实效性，一些学校只能像安排卫生大扫除一样把理论应用当作一项事务性工作来推进。这带有明显的"控制"色彩。

这就要求学校进行管理职能的革新，完成从"控制"到"解放"的转型。要完成这种转型，首先，要尊重实践主体的独立性、自主性和创造性，给其应用理论的空间。其次，要将实践主体从烦琐的管理事务中解放出来，减轻实践主体不必要的负担，给其应用理论的时间。最后，基层应建立实践主体应用理论的约束与奖励机制，使实践主体能自觉应用理论，进而变成一种工作习惯。

（八）应用评价的再定位：从"评定、甄别"到"反馈、矫正"

评价是一种价值判断，选取什么样的价值标准，以什么样的维度作为价值判断的参照物，与评价的科学性息息相关。一些单位（特别是学校）一般通过两种途径来评价实践主体（多指班主任）的理论应用情况：一是检查理论笔记的抄写总量是否达到规定的字数，二是进行理论学习后的论文评比。这样，对理论应用的评价就过多地强调评定与甄别，不能有效改进实践与促进理论应用。

　　班主任工作理论应用评价的功能既不在于评定与甄别，也不在于评选理论应用的先进者，而是通过评价取得反馈信息，以便调整应用进程，为理论应用创造更好的环境、氛围和条件。在这里，评价的意义在于检查理论应用目标的达成情况，然后针对缺陷与问题进行补救与矫正。

第十章

空间争取之本：
实现双赢

问题 | 归因 | 求解 | 实践

大多数班主任都希望学校管理者能给予自己自由、足够的工作空间。不管是在办学质量较高的学校，还是在一些薄弱学校，大多数班主任都不太满意学校给予的工作空间。既然这是一种普遍现象，就有必要分析，这中间到底出了什么问题，又该怎样解决。

一、问题：在工作空间上未达成一致意见

大多数学校都想给班主任足够的工作空间，让一大批具备工作个性的优秀班主任涌现出来，而绝大多数班主任也想在学校给予足够的工作空间的情况下，成长为有工作个性的优秀班主任。既然一方想给，一方想要，可为什么在实际运行中，不少班主任又指责学校管理者不给予工作空间；与此同时，管理者又抱怨班主任没有充分利用工作空间呢？

二、归因：对工作空间的理解角度不同

（一）学校无权限或权限受制约

当前，学校办学自主权的大小还受制于当地教育部门。在这一背景下，班主任的工作空间也受到影响。有时候，班主任想要的工作空间，学校没有权限给予，或者是学校的权限受制约。有时候尽管班主任明知学校管理者的权限不足，也经常处在尴尬的夹缝中，但仍会向学校管理者表

达自己的不满，因为在学校这一生活场域里，与班主任发生冲突的往往是学校管理者。

有些事情，学校没有权限，但它们往往触及当下班主任工作的核心问题。像通过班主任工作评职称、评特级教师，需要省级以上（含省级）教育主管部门赋权，学校没有这种权限，这自然会打击班主任的工作积极性。很多班主任会向学校发牢骚，表达不满。

对工作空间的给予，学校在实际运作中，往往受到诸多现实因素的制约。为了减轻工作负担，不少班主任要求减掉一些如班会备课、理论学习后交笔记等不必要的事务性工作，好让自己腾出更多时间来完成对班级更有价值的事情。但是，当地教育主管部门在一些检查中，还要对这些工作进行赋分，并将其作为确定学校德育工作质量的重要指标之一。学校管理者也很无奈，既要让学校在评估中得高分，还想给班主任足够的工作空间，在两者不可兼得时，只好放弃班主任的个体利益，维护学校的集体利益。学校管理者这样做，自然会招致一些班主任的反感。

（二）学校管理者和班主任的关注点不一样

班主任工作牵扯的变量太多，容易引发一系列的管理难题，学校管理者总是从学校整体来考虑能否给予工作空间以及给予多大的工作空间。比如，有的班主任想要突显自己的班主任工作特色，希望学校给予足够的工作空间，如第一个学期不考评班级的常规管理质量。但管理者要考虑其他班主任是什么感受、家长有什么反应、万一改革失败怎么办、任课教师是否配合等，为了降低学校管理的难度，保持学校管理的和谐、平衡局面，往往不会给班主任足够的工作空间。班主任大多不会关注这会在学校引发什么反应，他们关注的是这给班主任工作带来的影响：如果学校不给予自己足够的工作空间，自己的个性化实践便难以落实；如果学校给予了自己足够的工作空间，自己的班主任工作追求就能实现。

（三）学校管理者和班主任对工作空间的使用时限要求不一样

学校在给予班主任一些工作空间后，希望每个班主任能在较短的时间内建立稳定的班级生活秩序，以保证学校管理、教学出现良好势头。而班主任往往基于一个固定的时间段（一个学期、一个学年或者一个学段）来规划如何理性地建立本班的生活秩序，不追求速度。这自然会导致矛盾产生：班主任如果无法在尽可能短的时间内产生较大的教育效益，学校就要收回一些工作空间，而班主任则希望这些工作空间的使用时限尽量长一些。

（四）学校管理者和班主任的工作目标不一样

大多数学校管理者想要班主任努力达到以下要求：每个班级的生活秩序井然；班级卫生保持良好；学生的学习成绩优秀；不能出现安全事件。一些有教育理想的学校管理者，可能还希望班主任能在班级文化建设中体现学校的办学理念等。至于每个班级是不是具备这样的条件，班级之间有什么差异，很多学校管理者通常不会关注。

班主任关注的是班集体凝聚力的形成，希望建立良好的班级生活秩序：班级有向心力，学生心甘情愿地团结在班主任周围。班主任注重的是班级秩序要有助于学生的成长，未必会完全落实学校的要求。

双方的工作目标不一样，自然就会产生矛盾。这时，学校管理者可能会收回一些工作空间。比如，在小学阶段，一年级组建之初，大多数班主任会选择先抓纪律保持与习惯养成，对学习成绩的要求可能会降低一些，然而学校管理者往往不准出现成绩落后的班级。如果班级考不出好成绩，学校管理者就会督促班主任抓学习成绩，并且可能会压缩班主任需要的工作空间，这会给班主任带来一定压力。

三、求解：充分利用工作空间

（一）建构起一个稳定的精神世界

班主任要建构起个人教育哲学，丰富自己的精神世界。一个拥有个人教育哲学的班主任，他的教育价值观是系统的、一致的，他的精神世界是充实的，班主任工作实践也是有条不紊、按照预期规划逐步推进的。这样的班主任会考虑班主任工作本身的要求、学校实际、自己的教育特长、家长需要等多种因素，稳定地、持续地、尽可能地完成班主任工作。这就等于延长了工作空间的使用时限，增加了其使用价值。

（二）理性对待具有不同空间的工作

首先，学校允许或者倡导的、班主任自己又擅长的工作，自然有足够的工作空间。在这种工作空间中，班主任要深入探索，直至将其打造成自己的工作品牌。

其次，学校对一些工作只给了部分空间，这样容易降低这些工作的整体教育效益。基于此，班主任要注重对这些工作的实践逻辑的论证，确保能完成的那部分工作的效益能辐射、影响其他工作。

最后，那部分没有空间去做的工作，班主任要选用文献研究的方式，加大理论探讨的力度，不断提出自己的理论主张、实践假设。这既能给别人的实践提供参考，也能为自己未来的实践积淀理性认识。

四、实践：学校发展和班主任发展实现双赢

（一）个体实践意图体现学校全局意志

首先，班主任要让自己的工作理念和学校的办学理念相统一。班主任如果不完全认同学校的办学理念，可以只让自己的一部分班主任工作理念成为学校的办学理念的细化，并保持自己对教育、班主任工作的理解。其

次，班主任要让自己的工作目标成为学校办学目标的细化。这就要求班主任工作目标是学校办学目标体系的一部分，班主任的成长目标与学校的班主任培养目标一致。

（二）根据不同工作内容争取工作空间

首先，常规工作落实与学校工作步骤高度一致，自然会产生自由的工作空间。其次，特色工作所需要的学校支持空间与常规工作不一样，要提前向学校申请，以争取到足够的实践空间或者部分实践空间。最后，尽可能完成应急性工作。班主任如果能尽可能完成这些应急性工作，支持学校的全局性工作，自然就会有落实应急性工作的空间。

（三）提高与学校管理者的沟通质量

班主任要经常和学校管理者沟通，阐明自己的工作现状、工作成效以及将来的发展方向，使学校管理者了解自己的实践意图以及给学校带来的教育效益。这样的沟通多了，管理者认为"你能做成事""你不是瞎干事"，自然会有助于班主任争取到更大的工作空间。

第十一章

日常研究之本：
实物分析

| 问题 | 归因 | 求解 | 实践 |

在班主任的教育世界里，充满了形形色色的实物。班主任非常有必要进行实物分析。

一、问题：通过实物分析得到的信息不完整

（一）得到的信息是零散的

首先，没有定期保留实物的习惯。大多数班主任都会在学期结束后把学生的作业本、单元检测试卷、手抄报等实物扔掉，这样与这些实物有关的信息也随之消失了。其次，只保存部分实物。大多数班主任只保留那些体积小的、有纪念意义的或易于保存的实物，那些占空间较大的、表面看没什么价值的实物则不保留。因此，班主任日后分析实物的时候，得到的就是零散的信息。

（二）找不全实物中的信息

首先，分析"看得见"的信息。大多数班主任对实物的显性信息分析得多，对隐性信息分析得少。其次，大多数班主任只分析自己感兴趣的实物信息。最后，多进行感性判断。大多数班主任在分析中会进行感性判断，很少进行理性的专业判断。

二、归因：不具备实物分析的基本素养

（一）关于实物分析的理论探讨无法满足班主任的需要

实物分析在经济学、考古学等学科的话语体系中经常被提及，但在教育科研的话语体系中，鲜有专门对实物分析进行系统提炼的文字，对实物分析的探讨大多包含在质的研究中。北京大学的陈向明教授曾在《从"范式"的视角看质的研究之定位》[①]《范式探索：实践—反思的教育质性研究》[②] 等文章中提及实物分析。她也在专著 [③④] 中进行了一些有针对性的探讨，论述了实物分析的理论基础、实物分析的作用、实物收集的途径等。陈向明教授的探讨多是理性思辨，没有提炼出可供班主任运用的、系统的、具体的操作要求。因此，这些探讨满足不了班主任进行实物分析的需求。绝大多数班主任又没有能力提炼出关于实物分析的理论文字，或者总结出一套成熟的操作要领。因此，尽管大量的实物存在于班主任的教育世界里，但由于缺乏实物分析的基本素养，大多数班主任只能凭感觉去分析。

（二）大多数班主任的实物分析经验总结具有片面性

大多数班主任重注对作业、试卷这两类实物的分析，忽视对照片、教案、草稿纸等实物的分析。另外，班主任总结出来的经验往往不全面。试卷分析大多以中考、高考试卷为分析对象，对单元检测、课前测量等关注得少。作业分析大多以班级所有学生的作业为分析对象，对某一本作业关注得少。实践证明，认真分析某个学生的一次小型测试的试卷、一本作业

---

① 陈向明. 从"范式"的视角看质的研究之定位 [J]. 教育研究，2008（5）：30-35.
② 陈向明. 范式探索：实践—反思的教育质性研究 [J]. 北京大学教育评论，2010（4）：40-54.
③ 陈向明. 质的研究方法与社会科学研究 [M]. 北京：教育科学出版社，2000：257-266.
④ 陈向明. 教师如何作质的研究 [M]. 北京：教育科学出版社，2001：149-159.

本，十分有助于改进班主任的教学行为、学生的学习行为。综上所述，这种经验总结往往不能有效提高班主任的实物分析素养。

三、求解：厘清实物分析的价值追求

（一）什么样的实物值得分析 —— 一种教育文化产品

"任何实物都是一定文化的产物，都是在一定情境下某些人对一定事物的看法的体现；因此这些实物可以被收集起来，作为特定文化中特定人群所持观念的物化形式进行分析。"[①] 因此，只有附着了师生文化内涵的东西才能成为用于分析的实物。

1. 类型齐全的实物。谷巴（Guba）、林肯（Lincoln）认为，可以按照正式程度将实物分为"正式的官方类"实物和"非正式的个人类"实物。[②] 为了更细致地区分实物的类型，可以按照四种指标来划分实物类型。这样收集到的实物类型更全面，实物中附着的师生文化信息更完整，更值得分析。

根据形成时间划分。历史实物：上学期的作业、以前的考勤记录表等过往形成的实物。由于各种原因，班主任往往忽视对一些实物的收集，在日后的研究中又发现有价值。因此，班主任要尽可能收集这些曾被忽视的历史实物。现时实物：当前的信件、作业、作息时间表等实物。不管目前需不需要这些在当下的教育实践中产生的实物，班主任应尽可能地把这些实物收集起来，供自己当下或日后研究。

根据发布渠道划分。"官方"实物：由政府、教育行政部门、学校等单位制作形成的学生证、毕业纪念册、各类成绩单等实物。这些实物大多用于比较正式的场合，而且这些实物的研究空间比较小，实物中蕴含的信

---

① 陈向明. 质的研究方法与社会科学研究［M］. 北京：教育科学出版社，2000：257.
② 同①，258.

息比较直观。个人实物：以个人的名义制作形成的日记、书信、自传、工作笔记、个人生活视频、教案、存储了个人信息的移动硬盘等实物。与"官方"实物相比，这些实物带有一定的私密性，更具有分析的空间。

根据保存形式划分。文本实物：作业批改记录、备课本等以文本为保存形式的实物。文本实物比较好收集，所占的空间也不大，易于长时间保存。因此，大多数班主任愿意收集这一类实物。影像实物：以视频、照片、录音为保存形式的实物。这类实物需要的收集工具造价相对比较高，收集的技术要求也比较高，需要存储量大的电子设备来保存。因此，班主任收集的这类实物相对比较少。立体实物：手工制作、雕塑、校服、教室文化建设等富有立体感的实物。实物是立体的，分析的空间比较大。从长远来分析，由于这些实物的体积相对比较大，需要转换形式来保存。如果班主任缺乏影视加工、摄影等相关的专业素养，没有高像素的照相机、扫描仪等专业工具，这类实物收集与保存的难度就比较大。

根据收集目的划分。目的实物：班主任带着一定的研究目的，按照一定的研究计划，在研究现场或通过别人收集到的实物。随机实物：班主任无意间发现的、学生随机提供的一些有价值的实物。

2. 有广阔的分析空间的实物。只有建构起健全的实物收集链条，才能保证收集到的实物是合理的、真实的、自然的、完整的，才能保证实物有广阔的分析空间，才能全面解读出师生的行为文化。

收集前：建构和谐的关系，确保收集到的实物具有合理性。首先，班主任要牢固树立起保护实物主人权利的观念。实物中保留了大量个人信息，收集、使用不慎，容易造成实物主人的信息泄露，带来负面影响。"要在研究过程中，与被研究者建立一种友善、信任的合作关系，在双方'知情'的情况下开展研究工作，优先考虑被研究者的利益，尽可能避免伤害对方。"[1] 因此，班主任在收集、使用实物时，要确保实物主人的隐私

---

① 文军，蒋逸民. 质性研究概论［M］. 北京：北京大学出版社，2010：16.

权、肖像权等权利不被侵犯。其次，班主任和实物主人要建构起稳定的收集关系。班主任要与学生、其他任课教师、家长等建构起和谐关系。在这些多重关系的建构中，班主任尤其要重视与学生建构起和谐关系。在收集实物前，班主任需要不断反省自己的角色内涵、感情倾向、自己与学生的关系现状等，并推测基于目前的师生关系现状自己能否收集到有价值的实物。

收集中：亲力亲为，确保收集到的实物具有典型性。首先，收集真实的实物。有典型性的实物必须是真实的，否则会给后面的分析埋下隐患。因此，班主任务必保证自己收集到的第一手实物是真实的。如果班主任收集到的是二手实物，要进一步和相关责任者商议、确认，记录有关实物的信息，并核实其获得实物的手段、方式。如果是多个人一起收集到的实物，最好所有参与者一同核对、记录实物的信息，形成一致结论。另外，班主任有时可能会来到实物的收集现场，甚至会直接参与实物的生成，但班主任不能影响实物的生成过程与结果。其次，收集自己需要的实物。对典型性实物，不同的人有不同的收集目的，必须保证这是自己需要的。班主任要带着一定的分析目的，收集符合分析需要的实物。班主任要收集没分析过的实物，通过对实物进行分析可能有新的收获。班主任要收集那些有特殊存在形态的实物，通过分析可以找到这些实物给班级生活秩序带来冲击的原因，进而确定解决策略。最后，收集有代表性的实物。班主任收集的单个实物要有代表性，收集到的多个实物也要有代表性。实物收集的数量不是越多越好，数量过多，不仅会增加班主任进行实物分析的工作量，还可能干扰班主任的分析视线。实物的数量比较多时，班主任就要采用"目的抽样"技术，收集那些有代表性的实物。比如，为了分析某学科学生的考场草稿纸的使用质量，班主任就需要收集全班学生该学科某次考试的草稿纸。草稿纸收齐后，并不是所有草稿纸都有研究价值。比如，那些满是涂鸦又与考试内容无关的草稿纸，只需要收集一份，并在上面注明还有几张类似的草稿纸、草稿纸的主人分别是谁就可以了。

收集后：原汁原味地保存，确保收集的实物具有完整性。首先，以原始形式保存。班主任在保存实物时，要排除空间不足等干扰因素，在分析没有结束前，要让实物以原貌的形式保存。如果班主任可以使用的空间有限，可以在短时间内保存一些不易保存的实物，待分析结束后就销毁实物或转换保存形式。其次，转换形式保存。班主任可以通过拍照、拍摄视频、扫描、文字描述等，把实物转换成数字符号、文本描述等形式保存。班主任在将实物转换保存形式的过程中，不能造成实物信息的丢失。班主任要对转换过保存形式的实物进行分类、编码、排序、编制目录，有秩序地存放，以便于将来分析时查阅。

（二）实物分析有什么特殊属性 —— 一种实物收集、保存与分析的研究方法

"实物分析是质的研究中一个非常有效的收集资料的方式。遗憾的是，目前人们对这种方法的有效性还认识不够，通常将其作为访谈和观察的辅助手段，没有给予它应有的重视。"[①] 综上所述，对班主任而言，实物分析就是以具体实物为研究对象的一种实物收集、保存与分析的研究方法，属于质的研究方法的范畴。

1. 分析目的的人文性。班主任进行实物分析，不是为了完成课题研究任务，也不是为了撰写学术论文，而是为了改进自己的教育行为，提高教育水平，进而服务学生的成长。

2. 分析者的倾向性。班主任作为分析者，在实物分析中带有个人倾向性。

3. 分析方法的多样性。班主任进行实物分析，以归纳法为主，要综合使用访谈、记录、统计、归类、比较、多学科研究等多种研究方法，以形

---

① 陈向明. 质的研究方法与社会科学研究 [M]. 北京：教育科学出版社，2000：266.

成科学的研究结果。

4. 分析情境的自然性。班主任不管是离开实物生成的现场进行分析，还是在实物生成的现场进行分析，情境都应是自然的，而不是在人为控制变量后创建起来的。

5. 分析内容的开放性。分析对象的物"证"色彩显著，班主任与分析对象互动后才能实现对分析对象的意义建构。首先，实物自己"证明"自己，实物本身显示了实物发生、变化的过程。比如，一张师生外出活动的合影照，多少人参加了合影，每个人物的表情、动作、服装，活动现场在哪里、是什么样的，照片本身就能显示。班主任、任课教师、参与活动的学生，谁看到这张照片，都能轻松地分析出这些信息。其次，班主任分析任何实物，都会找到人的活动痕迹，因此要寻找实物中自己需要的"证据"。比如，针对一张班级活动合影照，班主任可以分析每个学生的表情、动作，以此推测学生参与类似活动的热情程度，学生更喜欢以何种形式参与本活动，学生喜欢本活动的哪一个环节。班主任和本班的其他任课教师交流、验证，然后确定今后怎样更有效地组织类似的班级活动。最后，班主任要与实物进行多重"对话"，实现对实物价值的再造。这既是分析实物的过程，也是建构教育认识的过程，更是班主任了解自己的过程。

6. 分析过程的动态性。班主任进行实物分析是一个对多重实物或同一实物的不同呈现形式进行探究与建构的过程。在这个动态建构的过程中，班主任面对的实物形成的自然情境已发生改变，或可能发生改变，实物的收集方式与分析策略也会发生变化。因此，实物分析不会像实证研究那样事先形成设计严密的行动方案，并在研究过程中严格控制相关变量。相反，班主任进行实物分析，不仅不能控制变量，还要尽可能多地了解实物本身、实物的存在情境以及可能变化的信息，不管这些信息是不是班主任想要知道的。

7. 分析结果的时效性。专业研究者做实物分析，经历的时间比较长，以形成更理性的分析结果。因此，专业研究者在收集到资料后，可能会搁置一段时间再进行实物分析。班主任是边收集边分析，然后借助分析结果快速做出决策。

（三）为什么要选择实物分析 —— 一种可靠的信息来源

1. 个体实物能提供准确的背景信息。实物被收集、保存后，一般会以原始形态存在。只要班主任具备了实物分析的素养并认真分析，所得到的个体实物的背景信息一般来说就比通过其他方式得到的信息更准确。比如，分析一间教室的文化建设内容，就可以推测设计教室文化的班主任的美学素养，尽管这位班主任并没有向研究者介绍、分析他的美学素养。

2. 相关实物能形成信息链。一组或几组有内在关联的实物，通过横向分析、纵向分析，实物之间的相关性会显现出来。这种相关性在经过分析者的整合后便能生成新信息。比如，班主任把某一学科一个学期的所有试卷收集起来进行分析，就能捕捉到学生的成长质量等信息，这有利于班主任确定今后的实践方向、实践策略。

3. 实物分析可以验证、补充通过其他方式收集的信息。可以把从实物分析中得到的信息与通过其他途径、方式收集来的信息进行对比，这样既可以验证后者的可靠性，还能对后者进行补充、说明。当然，通过其他方式收集的信息也可以丰富从实物分析中得到的信息。

四、实践：形成实物分析的逻辑链

（一）还原分析时空

班主任在进行实物分析时应尽量将实物"放回"到特定的产生、使用时空中。

首先，明确实物主人。既要全面梳理出实物的制作者、使用者，更要全面了解每一位制作者、使用者的角色、地位、身份等信息。其次，厘清实物产生的目的。既要厘清制作者制作实物的主观目的，又要厘清使用者使用实物的客观目的。再次，描述实物产生的过程。既要描述制作者制作实物的过程，也要描述实物的收集过程。最后，描述实物的使用情况。要清楚地描述出实物是被一次性使用还是被反复使用，以及使用后有什么变化。

（二）尽可能维护实物分析的客观性

实物的主人为了保护隐私或者美化自己，可能对实物进行不同程度的加工。有些实物因为存放的时间过长、生成因素复杂等，在实物的制作时间、责任人、使用频率等信息记录上存在不真实、不全面的可能。分析者难免因个人的知识缺陷、个人的主观色彩而造成对实物的误读或信息分析不全面。这些不足都是客观存在的，班主任在实物分析开始前无法准确预测，分析结束后也不一定立即进行弥补。对此，班主任要尽可能维护实物分析的客观性。

（三）分析结果的撰写与运用

根据撰写的计划性来区分，可将班主任的撰写行为分为自由写作与计划写作。自由写作是指班主任不讲求文体，边分析边写作，是写给自己看的，目的是改进自己的教育行为。计划写作是指班主任有明确的写作目的，严格按照一定的撰写计划，选用教育叙事、经验总结等形式来写作，一般要展示一个完整的分析过程。写作结果既可以用于改进自己的教育行为，也可以拿去发表、和别人分享。

归纳出一个完整的故事。班主任要关注与实物相关的自然情境，找到附着在实物中的文化信息；不断丰富自己对实物的认识，拓展分析思路；对实物以及相关人员的行为进行描述、解释，直至创造性地归纳出一个完整的教育故事。

第十二章

研究成果之本：
教育日志

教育日志是班主任在对自己的班主任工作实践进行定期记录的基础上，对其中有价值的事件、细节等进行深入反思，以提高自己的实践水平的一种研究方法。班主任做研究的根本目的不是做课题、写论文，而是对自己的教育实践不断进行反思、矫正与完善。因此，教育日志能呈现班主任在不同时期的成长结果。从这个意义上分析，班主任记录教育日志，抓住了研究成果表达的根本。但在具体的实践中，大多数班主任并没有这种意识。这突出表现为大多数班主任并没有规范地去撰写教育日志。那么，班主任撰写教育日志时出了什么问题？撰写教育日志有什么价值？该撰写什么样的教育日志？又该怎样撰写教育日志呢？

一、问题：记工作笔记的多，写教育日志的少

（一）大多数班主任记录的工作笔记价值有限

目前，大多数班主任都会记工作笔记。班主任一般按照时间的先后顺序记录参加的会议、就餐学生名单等日常工作内容，没有固定的记录格式。到了学期末，学校对这些工作手册检查、赋分完毕，大多数班主任就把工作笔记扔到一边了。因此，除了能服务日常工作外，工作笔记对班主任专业成长的价值有限，也不能将其看作班主任的教育成果。

（二）大多数班主任撰写的教育日志类型单一

大多数班主任会写反思性日志、备忘录日志，随记式日志、专题式日志、跟踪式日志等写得比较少。班主任大多以教育叙事的形式来记录反思性日志，一般把备忘录日志和工作记录融在一起，服务日常实践。由于记录的教育日志类型单一，班主任并没有全面记录自己的班主任工作内容。这些记录不全面、不规范的教育日志，不能充分显现班主任的专业成长，不能将其看作班主任的教育成果。

二、归因：对记录教育日志的价值认识不到位

在现实中，很多班主任没有充分认识到撰写教育日志的价值。

（一）没意识到教育日志是研究成果的表达形式之一

大多数班主任没有充足的时间、精力进行规范的学术训练，完成课题研究，撰写严格意义上的论文。但只要具备基本的文字表达能力与记录习惯，即可撰写教育日志。班主任通过撰写教育日志，可以定期或不定期回顾、推敲、反思以往的实践情境、生活片段与教育细节，找到自己的思维优势、班级里易出现的问题等信息，从而让自己的认识更深刻、思维更有条理、实践更有效。因此，班主任撰写教育日志就不仅仅是为了服务自己的日常实践，也是在表述自己的成长结果。

教育日志是研究成果理想的表达形式。班主任一般以叙事的形式记录教育日志，记录一段时间后，便为教育叙事类研究积累了丰富素材。稍做整理，让记录的基本信息、资料更翔实、更有条理，教育日志自然就成了一种理想的研究成果表达方式。

（二）没意识到写教育日志有助于形成班主任职业个性

任何一位班主任的教育实践都带有一定的个人色彩。班主任在撰写、

分析教育日志的过程中，可以总结出一些共性的东西。比如，自己善于处理哪类、哪些工作任务，不善于处理哪类、哪些工作任务；哪个时间段工作状态最佳、哪个时间段工作容易出现失误等。把这些共性的实践文化提炼出来后，班主任就能找到自己信奉的工作主张、遵循的工作原则等，一个班主任的职业个性也就建构起来了。

三、求解：澄清教育日志的记录逻辑

教育日志与教育日记、教育随笔、工作笔记在文体、记录目的与内容要素等方面存在不同（见表 12-1）。

表 12-1 教育日志与教育日记、教育随笔、工作笔记的区别

类别	文体	记录目的	内容要素	读者对象	行文风格	记录频率	使用时限
教育日志	更像一种应用文	保留教育生活的原貌	全面的实践内容	自己、大众	准确、完整、直白，不宜使用过多修辞手法	每天	终生
教育日记	应用文与记叙文、散文皆可	留存特定的教育生活片段	体验最深刻的事件	自己	追求深刻性，可使用修辞手法	每天	终生
教育随笔	以散文为主	以学术交流为主	凸显某一主题的特殊事件	自己、大众	使用学术语言，写作手法多样化	随机、时间不确定	终生

类别	文体	记录目的	内容要素	读者对象	行文风格	记录频率	使用时限
工作笔记	无文体要求	有条理地完成当日工作	根据当下的情形而定	自己	使用清晰、简洁、明了的语言，不宜使用过多修辞手法	随机、时间不确定	当天或某一学期

从文体上来区分，四者有很大差别。教育日志更像是一种应用文。教育日记可以看成一种应用文，也可写成记叙文、散文。教育随笔严格意义上来说是一种散文。工作笔记则没有文体要求。

四者的写作要求不一样。教育日志的撰写追求及时、准确、全面。不管当天的教育生活多么平凡，班主任都要撰写教育日志。教育日志要清晰呈现事件发生的具体时间（最好具体到几点几分）、具体地点（最好具体到教室的第几排、操场的某个角落等）、具体人物、核心环节（影响整个事件发展方向的环节）等。教育日志写得越详细，越便于班主任自己或专家在日后"回放"这一天。为了保留教育生活的原貌，班主任在撰写教育日志时不宜使用过多的修饰性词语，更不宜使用夸张等修辞手法。

与教育日志相比，教育日记的记录内容不一定非常全面，结构也不一定完整。因为教育日记带有较强的私密性，大多记录那些给自己留下了深刻印象的、带来了难忘体验的事件等。语言没有什么讲究，只要能反映自己的内心体验、清楚表达自己的想法即可。

与教育日志、教育日记相比，教育随笔往往思想性更强，主题更突出，结构更完整。教育随笔对写作者的专业素养要求比较高，能写出一些真正意义上的随笔的，大多是专家、学者、优秀教师。

工作笔记的使用时限一般比较短，因为只给自己看，不一定天天记录，没有文体要求，记录内容也比较随意。班主任将工作笔记拿去与他人分享的可能性最小。

四、实践：规范、全面地记录工作内容

教育日志是班主任对自己的实践行为、观察结果、个人经验等的记录，往往没有固定的记录格式、要求。

（一）日志记录方式

即时记录。一般情况下，班主任每天都要记教育日志，而且每天在不同时间段里记录的内容是不一样的。早晨，记日程规划；全天，记备忘录；傍晚，记反思性总结。

后续补记。如果有特殊情况，当天没有记教育日志，日后要及时补记。另外，班主任也可以随时补充、完善以前记录的日志内容，只是记录的时间要更具体、内容要更翔实、态度要更客观。

（二）日志类型

随记式日志。这种日志没有记录主题，按照时间先后顺序记录每天的工作要事，能真正保留班主任的日常工作原貌。这也是最常见的日志类型，可以为日后研究留下丰富素材。根据记录时间来划分，可将随记式日志分为四类。第一类，月初规划的记录。可大致按照上旬、中旬、下旬来概述当月的核心工作任务。在当月的记录中，再根据工作实际不断补充一些核心工作任务。第二类，周工作规划。可对月初工作规划进行拆解，形成本周的工作规划。第三类，日程规划。在当天早晨，班主任把当天的工作任务按照轻重缓急排序，可分成不得不完成的事情、可以完成部分任务的事情、可做可不做的事情、在机动时间做的事情四类。这样，班主任一天的工作内容就一目了然了。在具体执行日程规划时，再根据实际情况稍

做调整。另外，班主任一定要分析每项工作任务的完成情况。可分为"已完成""部分完成"（最好注明哪些没完成、什么时间再完成）和"未做"（最好注明什么时间再去完成）。也可以采用自己喜欢的符号、线条、颜色等做标记，以突出工作重点、注意事项等。如果时间充足，可以写下自己的感受、见解、评价等解释性、反思性文字，为今后做判断、做决策提供信息。第四类，对月末工作质量的分析。可从关键时刻、关键人物、关键理论、关键事件等方面，分析本月的工作完成情况。

备忘录日志。一是事前备忘录。大致有以下几项：容易遗漏的事项，工作过程中可能出现的问题，关键性问题，需寻求支持、请示的问题，学校管理者交办的事项等。这些事务一定要标注明确的完成时间。二是事后备忘录。班主任事后要及时补记一些特殊事件。在补记时，要真实再现事件原貌，并尽量使补记的内容翔实、具体。

反思性日志。班主任在完成一天的工作后，可根据具体情况，记录长短不一的工作反思。这种日志能充分展现班主任的深刻体会，有助于班主任不断超越自己、发展自我。

跟踪式日志。班主任按照时间先后顺序，追踪某一个学生的成长变化、某一件事情的发生过程等。这类记录最能考验班主任的耐力、观察力、判断力。

专题式日志。班主任通过观察、分析、思考，集中记录对某一项工作的推进过程、某一项课题的研究过程等。这类日志能帮助班主任解决比较大的成长问题。

解释性日志。这类日志主要是班主任对工作中的一些基本问题的回答、解释，对一些热点问题的思考等，其中的内容大多需要日后去丰富、完善。

（三）日志载体

纸张规格。记录日志的纸张（日志本、活页纸）最好采用 A4 纸。

这既便于携带，又便于装订、存档。当然，也可以通过微信、博客等留存网络日志。

页码设置。最好以月为单位来设置教育日志的页数。装订成本的日志本，除了每天一页外，还应加上月初规划一页、每周规划一页、月末总结一页。班主任如果已经养成了记录习惯，就可以使用活页来记录日志，这样便于班主任根据实际情况增加或减少记录的页码。

表格设计。首先，程式化表格的设计。要根据不同要求，分别设计月初工作规划、周工作规划、日程规划、月末质量分析的表格。这些程式化的表格设计，适合用来记录随记式日志。其次，通用表格的设计。这种表格只设计普通的横式格子，适合用来记录反思性日志、跟踪式日志、专题式日志、解释性日志。不管哪种表格，都要留出足够空白，以便于日后补记、完善。

（四）日志记录策略

随身携带记录工具。班主任可以随身携带日志本、笔，也可以用手机、电脑来随时记录。

"两个五分钟"。每天早晨到校后用五分钟左右的时间规划当天的日程，下午离校前用五分钟左右的时间分析当天的工作完成情况。

充分利用备忘录。及时查看备忘录，以提醒自己不要遗漏一些重要事项的完成时间节点。可以利用手机、电脑中的备忘录，并设置闹铃。

提高观察、判断能力。如果在观察、判断中能找到自己感兴趣的事情，班主任往往就会乐于记录，也会记录得更翔实、更鲜活。

随时打磨。只要有时间，班主任就要补充、完善、打磨教育日志。每次打磨时可以使用不同颜色的笔。如果是网络日志，对每次的补充、完善，可以用不同颜色、不同字体来区分。

以下是我做的 2017 年 12 月月度核心工作规划（见表 12-2）和 2017 年 6 月中某一天的工作日程安排（见表 12-3）。

表 12-2　2017 年 12 月月度核心工作规划

完成时间	核心工作概述
上旬	1. 整理八年级上册的语文教案。将单元教学、微写作、语文主题学习、单元检测等整合在一起，不含第六单元、期末复习的内容，以电子稿、文本稿的形式呈现。2018 年 1 月底再统一装订。 2. 参加临沂市罗庄区人民政府督导室组织的年终评估会议，准备检查材料。①自评材料。②学校管理：校长办公会议纪要、校务公开、责任督学。③督促两个学部、各科室完成档案整理工作。④完成陪同检查人员表。 3. 安排五年级、八年级学生去市拓展基地开展拓展活动相关事项。 4. 做好流行性感冒防控工作。 5. 参加初中部期中考试成绩分析会。 6. 汇总已达中队学生的情况分析。
中旬	1. 初步拟定临沂市社科联的 20 项课题的鉴定意见，下旬将参加课题结题鉴定会。 2. 整理班主任工作室的活动资料。主要是设计、整理、印制教育日志，设计、整理、印制工作手册，编印学习资料。 3. 对七年级四班几个特殊学生的情况进行分析。 4. 阅读小说《大雪无痕》《苍天在上》，完成小说悲剧式结尾的主题备课。 5. 上报临沂市中小学德育课程一体化实施典型案例，结合 2012 级 1 班的"时出课程"来总结。（至少准备一周）

续表

完成时间	核心工作概述
下旬	1. 迎接区政府督导室的督导。 2. 准备"语文主题学习背景下的写作训练研究"课题鉴定材料。 3. 筹备"临沂市教师专业发展项目实验工作经验交流暨课题研究工作会议"，准备自己在会上一个半小时的发言。 4. 阅读 12 月的《新华文摘》《中华读书报》《课程·教材·教法》等报刊。 5. 汇总作业检查的结果，发布到班级微信群中。

表 12-3 工作日程安排

☆第 20 周　　☆时间：2017 年 6 月 29 日　　☆星期四

任务类型	任务概述	大致完成时间	特殊情况随记及完成质量
工作时间内的必做事情	B1. 初中部期终考试。①晨读时去教室和 1 班的小泽聊几句（他昨天在考场上睡觉）；随机巡视（别忘记去二楼实验室的考场）。②回办公室试做语文期终试卷（不写下水文），看有没有错误，并在试卷上写下做题的体会。	①晨读时完成，也可在随机巡视考场时完成。②8:30—9:15，完成试题。	其他两项已完成。小泽听明白了我的意思后，不好意思地跑开了。

续表

任务类型	任务概述	大致完成时间	特殊情况随记及完成质量
工作时间内的必做事情	B2. 起草《已达中队第十学段暑假学习指导书》，把家风、家学等内容细化，准备印刷。和同事杜晓丽、张景华交流，商量分层次布置暑期作业的事宜，并写入《已达中队第十学段暑假学习指导书》中。将《已达中队第十学段暑假学习指导书》编辑成微信文章，在暑假第一天发表。	9：20—11：00；下午的机动时间；估计需要三个小时。	已完成初稿，晚上再推敲，形成定稿。未编辑成微信文章，放假后再做。
	B3. 确定《红星照耀中国》《昆虫记》的购买事宜。在当当网中搜索，找比较适合学生阅读的版本，并将相关信息发到已达中队QQ群里。	11：05—11：10	《红星照耀中国》，人民文学出版社；《昆虫记》，译林出版社。
	B4. 询问王兆梅微信公众号的申请、编辑器下载事宜。需现场演示。如果网速允许，可在午休时试一试；如果网速慢，晚上回家再试。	11：15—11：55	已询问技术问题，晚上回家试一试。

任务类型	任务概述	大致完成时间	特殊情况随记及完成质量
工作时间内的必做事情	B5. 咨询从临沂到滨州的汽车班次，为去滨州参加"山东省第二届教师发展论坛"做准备。	午休期间完成。	任务已完成。已购买7:40出发的汽车票。
	B6. 总结禁止教师有偿补课落实情况（两千字以上），向杨艳艳主任要一两张昨天的会议照片。将文本、照片发到区政府督导室的公共邮箱里（下午四点前必须发）。	13:30 — 14:30	已完成，发了两张照片。
	B7. 起草《致学生的一封信》，可围绕未来的人工智能来展开，也可以结合暑假作业（家风、亲情作业等）来写。不需要印制，发到已达中队QQ群里即可。	14:40 — 15:30	完成初稿，但多为描述性语言，不能打动学生。
	B8. 整理去重庆参加"第六届中国班主任圆桌论坛"的出差票据等，并找学校财务委员会成员签字。	和考场巡视一并进行，随机到相应的办公室找财务委员会成员签字。	还差两位成员签字，明天继续签。
	B9. 向学生发展研究中心询问学生评优事宜。	如果陈林主任在，与"B4"合并进行。	已完成。

任务类型	任务概述	大致完成时间	特殊情况随记及完成质量
工作时间内的必做事情	B10.熟悉已达中队队籍注册表里的信息。	15：30左右开始，约十分钟。	已完成。学生的照片有粘在一起的情况。
工作时间内的机动安排	J1.修改论文《班主任的素养结构界定：问题与实践路径》。集中推敲第四部分：班主任各类素养的划分指标需要明确，"专业知识""专业能力"等的划分指标已经明确，但还有部分划分指标需要再推敲。	15：40—16：40	思考了四十多分钟，还是没确定具体的划分指标。
工作时间内的应急事情	Y1.去学生发展研究中心询问大队辅导员王兆梅关于微信公众号的事情时，王兆梅提出请临沂五小副校长闫静提供他们少先队活动课的电子教案；可以到图书室查阅《辅导员》杂志，寻找有价值的素材。	11：30左右完成。	未要到电子教案，因闫静副校长已经不再分管这一工作。

任务类型	任务概述	大致完成时间	特殊情况随记及完成质量
在家的阅读、写作	Z1. 阅读《新华文摘》2017 年第 11 期。仔细阅读了《坚定文化自信 传承中华文脉》（作者刘奇葆）、《消解民粹主义》（作者庞金友）、《人的发展价值取向的总体性》（作者陈新夏）、《书写中国自己的文明史》（作者江林昌）、《散文散谈》（作者李洁非）、《古典诗歌与人文精神》（作者程郁缀）、《姓名文化：最大的一笔非物质文化遗产》（作者顾土）、《互联网是否扩大了教育结果不平等》（作者陈纯槿、顾小清）、《怎样读〈传习录〉》（作者董平）。历时约一小时二十分钟，晚上 9：40 左右读完，未做读书笔记。 Z2. 写作。①继续修改、完善《班主任的素养结构界定：问题与实践路径》。第三部分的划分指标未确定，但是对文章第三部分的二级标题有了新思考：可以按照"界定来源""界定依据""界定内容""界定策略"来整合本部分内容，这样逻辑性更强。②记录思尧的成长日记。③整理今天的日志，写反思。历时约两个小时，完成第三项时已是深夜 11 点 43 分。		
反思	写作任务安排过多，感觉很疲惫。 《班主任的素养结构界定：问题与实践路径》一文的修改，已经快十天了，不知如何深化。看来，自己的教育理论功底还是太薄，需要查阅、研究与"人的素养""教师素养""教师专业素养""班主任专业素养"等有关的文献。 心理学知识欠缺。小泽今早跑开后，我想继续跟他交流，但苦于找不到合适的时机，又担心重复今早的话题会减弱教育效果。		

第十三章

成长策略之本：
关键一跃

|问题|归因|求解|实践|

班主任的专业成长就像西西弗斯推石上山一样，永无止境，没有"功成名就"的终点。班主任的专业成长需要日复一日的积淀。换言之，非常有必要关注班主任的日常成长质量。要想保证日常成长质量，班主任就要促成日常成长中的关键一跃。

一、问题：班主任的成长意识淡薄

（一）班主任缺乏成长的原动力

用社会学的冲突理论来分析和解释班主任的身份会发现，班主任不会为了自己的身份去和周围世界发生冲突。第一，没有明显的冲突意识。目前，班主任的主要身份还是学科教师，对班主任专业技术水平的认定与物质待遇等，主要还是依据学科教学实绩。可以说班主任是教师的附加身份或次要身份。班主任以附加身份或次要身份面对班主任工作，其冲突意识自然很淡薄。第二，没有明显的冲突对立面。班主任的岗位归属（班主任要对学校的每一个职能科室负责）不明确，其多重身份决定了班主任一时难以找到主要的冲突者。第三，缺乏利益驱动。《中小学班主任工作规定》中有这样的规定："教育行政部门建立科学的班主任工作评价体系和奖惩制度。对长期从事班主任工作或在班主任岗位上做出突出贡献的教师定期予以表彰奖励。选拔学校管理干部应优先考虑长期从事班主任工作的优秀班主任。""对长期从事班主任工作或在班主任岗位上做出突出贡献的教师定期予以表彰奖励"，由哪一级教育部门来表彰奖励，怎么操作，都还是未知数。"选拔学校管理干部应优先考虑长期从事班主任工作的优秀班主任"，怎么优先考虑？这在实践中不一定能普遍落实。班主任也是一个社会人，缺乏利益驱动，他还会立足班主任岗位去奋斗吗？尽管目前不少班主任对自己的工作环境、待遇等存有不满，但努力改变现状的班主任却不多，原因可能就在这里。

（二）班主任没有明确的成长目标

现在，很多人对班主任的专业素养要求过高，带有浓厚的理想主义色彩，想要班主任无所不知、无所不能。像心理咨询等专业素养，班主任并非专职人员，怎么能要求班主任在岗几年间就具备？这不仅无益于班主任素养结构的确定，还是一种误导。班主任的素养结构不明确，班主任自然就找不到具体的成长目标。"没有奔头"，班主任日常成长的意识自然会慢慢消失。

二、归因：班主任的成长意识被遮蔽

（一）班主任容易埋在事务堆中

班主任的日常实践本就是一些琐碎事务，一件连着一件。在完成这些烦琐事务的过程中，班主任往往"只顾埋头做事，忘记了抬头看路"。另外，地方教育部门目前普遍不设主管班主任工作的职能科室、研究部门，对班主任工作的要求也没有明确规定。对班主任日常实践的要求大多是学校自己制定的。对学校的要求，班主任一般比较容易达到。长此以往，班主任往往不会思考日常实践背后的价值导向、理论支撑是否存在问题，也不一定会反思实践存在什么问题。这样，班主任的成长意识就逐渐变淡薄了。

（二）班主任的生命被工具化

长期以来，受工具主义的影响，不少人在探讨班主任的生命价值时，过多强调班主任作为客体的价值，而忽视班主任作为主体的价值；习惯从外部向班主任做出规约，而缺乏从内部对班主任进行本体关照。有关部门一直鼓励班主任持有一种默默奉献的价值观，只有奉献，不求回报。这将班主任工作的价值与班主任的生命价值割裂开来，从而导致班主任的自我生命意识被遮蔽，班主任感受不到这一岗位带来的尊严与愉悦。这在一定程度上让班主任成了为他人服务的工具。长期生活在这种语境、工作环境中，班主任也习惯了被规约。班主任起初会把自己的个体发展需求压抑在心底，后来便会逆来顺受，直至开始依赖这些规约，于是班主任的成长意识便慢慢丧失了。

三、求解：在日常实践中促成关键一跃

（一）关键一跃的概念界定

班主任的专业成长是一个逐步积淀的过程，因此班主任应该追求每一天都能提升自己的生命价值。那么，如何实现这种追求呢？尽管班主任的专业成长是水到渠成的事情，但在这漫长的积淀过程中，突然出现在班主任生活里的某一关键事件、关键人物、关键平台、关键理论等，常常会使班主任进入柳暗花明、猛然醒悟的境地，实现成长的质的跃升。

我们可以给"关键一跃"拟定这样一个概念：在日常成长的过程中，班主任自行发现或突然遭遇的某一特殊事物，常常促使班主任反思自己的教育理念、教育价值观等的科学性，反思自己实践行为的合理性，进而产生转变个人价值观、更新个人理论体系与提升实践水准的成长需要，并把这种成长需要外化为教育实践、成长行为。这就是班主任日常成长中的关键一跃。

（二）关键一跃的影响因素

1. 关键时刻。一些特殊的时间段，非常有利于班主任成长。比如，对刚参加工作的年轻班主任来说，职初这几年的实践质量会影响其整个职业生涯。又如，夜深人静时，是班主任思考、总结一天得失的最佳时间。再如，早晨到学校后的最初十几分钟，班主任可以用来确定一天的工作计划。

2. 关键地点。不同的地点适合做不同的事情。在实践中，班主任要学会寻找适合的地点。如果一位班主任喜欢独处，安静的环境就有利于他阅读、写作与思考。比如，去阅览室翻看非教育类报刊，有助于班主任跳出教育看教育。又如，课后到操场上散散步，从纷乱的事务中暂时解脱，思考工作得失。

3. 关键人物。每位班主任的成长，都需要一些引导者。这些引导者可以是经典著作中的教育家，可以是身边经验丰富的老班主任，可以是教育专家。和他们对话、碰撞，能让班主任少走弯路，提升自我认识。比如，和一些教育专家聊天，有时看似毫无目的，但聊着聊着有价值的信息就出来了。

4. 关键事件。有助于班主任专业成长的事件往往具有以下两个特征：一是此类事件融入了班主任的深刻体验，容易引发其判断、整合、修正等心理加工行为；二是此类事件具有打磨的空间，能够引发班主任思考，促进班主任的显性知识和缄默知识的相互转化。

5. 关键理论。一些关键理论，能指导班主任实践，促进班主任的专业成长。

6. 关键手段。不管选取哪种手段，最终都是为了解决问题。因此，班主任要选择自己擅长的手段、技术。比如，某位班主任的高等数学比较好，他就可以选择教育测量等手段。

在以上影响因素中，关键事件的影响最大。班主任要想准确、及时地发现自己的日常实践中存在什么问题，一个可靠途径就是发现、解析并重构关键事件。这有利于班主任实现成长的关键一跃。

（三）如何实现关键一跃

1. 班主任要有清晰的成长意识。悦纳班主任工作，主动寻找成长资源。班主任这个岗位往往由学科教师兼任，具体负责学生的行为管理与指导。其实，这一岗位在学校里十分重要，班主任要向学校的每个职能科室负责，每天要完成大量管理与教育事务。班主任对此要有清醒的认识，还要对班主任的社会地位、肩负的使命有高度的认同感，悦纳班主任工作，保持一种成长姿态。

承担责任，自觉创造职业精彩。班主任要意识到，自己的教育实践不仅能促进学生的生命发展，也能促进自己的生命发展。班主任要把社会价值与自我价值统一起来，发展个性，自觉创造职业精彩。

2. 班主任要具备基本的成长能力。班主任应具备六种基本的成长能力。有了这六种能力，班主任就可以找到成长资源，并对其进行挖掘、开发，最终实现关键一跃。

班主任要具备自我学习能力。只有具备自我学习能力，班主任才能不断积淀专业知识，不断发展自我。

班主任要具备自我诊断能力。班主任的自我诊断能力，是指班主任从工作职责、专业素养和教育效能等方面审视自己的实际表现，进而判定工作水准、分析成长质量、了解自身症结、寻找发展方向的一种能力。

班主任要具备自我调控能力。班主任的自我调控能力，是指班主任在日常教育实践中对自己的意识状态、情感表达、行为方式等进行调节、选择的能力。在日常实践中，当班主任受到外界刺激、心理状态不稳定时，要有效调节自己的心理状态，以适应当前环境。班主任要善于调控自己的情感，尤其是要控制自己的坏脾气等，冷静、理智地完成日常实践。班主任在学生行为管理与指导中，要选择最佳的处理方案。

班主任要具备行动研究能力。班主任只有具备了行动研究能力，才能以研究者的姿态积极地对自己的工作环境、教育情境进行研究，发现、提出问题，并解决自身存在的问题，改善自己的工作环境，改变自己的工作现状。研究的过程既是解决问题的过程，也是互动的过程，更是班主任提高自我的过程。

班主任要具备寻求专业帮助的能力。班主任应该留意任何可能提供专业帮助的资源，如专业机构、网络资源、专业书刊、专业研究者等，或通过对话交流，或通过阅读，寻找智慧支撑。班主任如果善于寻求专业支持，就可以大大提高专业成长的质量，让自己具有更宽广的成长视野和发展空间。

班主任要具备团队合作能力。班主任面对的教育对象和教育环境具有很大的不确定性，很多矛盾与问题仅靠个体力量难以解决，不同的班主任在知识结构、思维方式、认知风格等各方面都存在差异，如果班主任能够开放自己，尽可能多地寻求与本校其他老师合作，加强与同伴对话、沟通，班主任工作就会顺利很多。

四、实践：关键事件的解析与重构

（一）关键事件的发现

班主任要在对日常实践的反思中发现关键事件。班主任的反思对象有在日常实践中观察到的即时现象、留存的特殊活动现场的音像资料、记录日常事务的文本资料等。

（二）关键事件的记录

关键事件的记录至少应包括四个方面的内容：事件发生的背景，自己这么做的原因，相对完整的事件过程，事件的结果。

班主任记录的关键事件应包括四类：成功的教育事件，失败的教育事件，开放性的事件（此类事件的有些细节处理得很成功，有些细节处理得不够科学，结果并不都是积极的、正向的），教育理论的理解与应用类事件。

可以用教育叙事的方式记录一天中"我遇到了什么问题""我是怎样遇到这个问题的""我是怎样解决这个问题的""这个问题留给我的思考是什么"，这种方法简单易行。如果条件允许，也可以使用影像、图片等来记录。

（三）关键事件的解析

分析单个事件。班主任可以先分析当前记录的事件所反映出来的突出问题，马上做出行为调整，但此时不宜直接"下结论"，因为单个事件不一定能真实、全面地反映问题。

分析同一主题的多个事件。班主任应该设置一个合理的调查、记录周期，按主题搜集若干个相关的关键事件，然后再做全面分析。只有这样，才能从中找出共性信息，发现班主任的专业成长到底存在什么问题。

（四）关键事件的重构

1. 完善策略。在搜索不同领域（主要是教育学、心理学、管理学三个领域）的专职研究者关于这类事件的理论研究后，用这些理论结果来检验自己对这一事件的分析，反思、总结自己的实践得失。班主任还要把自己和同行对这类教育事件的分析进行对比，寻找异同，并分析导致差异出现的原因。班主任在综合分析后，重新思考处理这一事件的策略，同时要确定新的成长方向。

2. 提升理念。班主任要把一系列关键事件进行整合，并总结经验。在搜索、阅读大量有关文献后，班主任还要将自己的认识与专职研究者的观点进行比较，寻找差距，并把这些经验进行提炼、升华，提升自己的教育理念，乃至逐步形成自己的教育思想。这样，班主任就能建立起内在的精神王国。

3. 付诸实践。班主任要将在关键事件分析中的建构性成果付诸新实践。不管对关键事件的分析多么深刻，如果不能把这些心得、体会付诸实践，对班主任的成长就不会真正发挥作用。

第十四章

经验总结之本：
个体经验

班主任要想全方位、深度总结自己的实践经验，应描述、打磨自己的内心体验。这样总结形成的个体经验，才是适合班主任的地域文化背景与个性特征的经验，才有生成个人教育经验体系和个人教育理论的可能性，才能真正提高班主任自己的实践水平。

一、问题：总结经验时不关注内在世界的改变

（一）一些班主任找不到经验总结的切入点

　　一些班主任在总结经验时，往往套用他人的文章。基于别人的思维框架总结自己的实践经验，便只能以"替换"为总结策略，筛选自己教育实践中的相关信息，替换、添加到相应位置。因为没有触及内心体验，这些班主任既找不全影响班主任工作质量的因素，也找不到自己的工作优势与特色。

（二）一些班主任只总结"看得见，摸得着"的经验

　　一些班主任往往总结那些"看得见，摸得着"的关于技术、手段、策略的经验，似乎这样就更有说服力，并方便别的班主任借鉴。这样，在总结经验时，班主任便不会关注自己内在世界的改变。

二、归因：形成新的经验体系的难度大

（一）认为经验难复制，总结经验价值不大

经验是在个性化的时空中形成的，难于被别人或自己复制。因此，有些班主任认为，总结经验是徒劳的，最起码效果不明显。

（二）不想打破已经成型的经验体系

总结过去，在一定程度上意味着班主任要打破已经成型的经验体系。大多数班主任还是愿意把自己包裹在已有的经验框架内，以保持现状来求得内心的安全感。因此，不少班主任不敢面对真实的自我，不愿意伤神费力形成新的经验体系。

三、求解：总结个体经验

（一）班主任理应提炼有价值的个体经验

班主任的经验既有共性又有个性。班主任在做工作经验总结时，既要关注经验的基本性质（共性），更要揭示经验的差异性（个性）。而班主任揭示经验的差异性，提炼出属于自己的个体经验更有意义。

（二）优秀班主任往往善于总结个体经验

优秀班主任大多通过写教育自传、写教育反思等形式来总结自己的实践经验。这些经验总结形式，都关注了优秀班主任自己的工作实践、内心体验。因此，形成属于自己的经验，是优秀班主任的基本特征之一。

四、实践：形成个体经验总结的方法论

（一）用文化自觉来引领经验总结

班主任实现了文化自觉，既能让经验总结变成一种自然而然的行为，又能保证经验总结的深刻性。在总结经验时，班主任要思考："我"的经验是如何形成的？总结"我"的经验究竟有什么作用？"我"的经验的核心内容是什么？该怎样总结"我"的经验？

（二）经验总结要有理有据

首先，提炼经验总结的主题。班主任要根据经验总结的目的、名称、角度、内容来确定总结的主题。其次，呈现完整的背景信息。班主任在总结经验时，要呈现学生信息、学校环境、地域文化、自己的专业素养现状等信息，以便于其他班主任借鉴。最后，要有教育故事作为支撑。班主任在总结经验时，可以先用一两百字总结经验，然后选用一个或几个与自己有关的教育故事来阐述、说明。如果时间、精力允许，除了教育故事外，班主任最好能采用一些学生的话语来说明。班主任的工作经验到底能不能奏效，最有说服力的是学生的言行。这样总结出来的经验，既保证了更强的科学性、可操作性，也易于被其他班主任接受。

（三）基于思维模式选用经验总结方法

依查有梁先生的观点 [1]，班主任的思维模式可分为逻辑思维、操作思维、情感思维、交往思维四大类。基于这四种思维模式，班主任可以形成四种经验总结方法。基于逻辑思维的演绎法，将班主任工作的理论原理具体化为自己的实践经验；基于操作思维的归纳法，将具体的班主任工作实

---

[1] 查有梁. 论思维模式的分类及其应用 [J]. 教育研究，2004（1）：49-54.

践样态抽象化为自己的经验；基于情感思维的感悟法，将班主任日常实践中的鉴赏和体验总结为自己的经验；基于交往思维的转化法，对别的班主任的经验进行推敲、验证，将其内化为自己的经验。因此，班主任要先确定自己属于哪种思维模式，或同时具备哪些思维模式的部分特征，然后据此确定自己要选用的经验总结方法。

（四）形成经验总结的螺旋结构

单个案例经验总结。对工作中自己体会比较深的事例，班主任要及时总结经验。

总结"类经验"。班主任要有效区分、总结同类案例的共性与个性，总结出应对同一类教育情境的"类经验"。拥有了"类经验"，班主任的体验、感悟就会更全面、更深刻，解决问题的能力会更强。

形成个人教育经验体系。班主任要将丰富的"类经验"重新整合，形成"类经验"与"类经验"之间稳定的内在联系，这就构成了班主任的个人教育经验体系。

基于个人教育经验体系提炼出个人教育理论。经过验证的个人教育经验体系，具有卓越性、经典性。班主任要力争将个人教育经验升华为一种个人教育理论。这样做，既能避免班主任陷入经验主义的实践泥淖，也便于其他班主任借鉴。

第十五章

专业成长之本：
班主任工作个性

每一位优秀班主任都能创造性地完成班主任工作，但是有些优秀班主任的创造性没能完整地显示出来。

一、问题：优秀班主任的创造性没能完整地显示出来

从实践中看不到优秀班主任信奉的教育主张。一些优秀班主任是经验型班主任。他们在实践中创造了很多鲜活、生动的案例，却不一定能解释案例发生的深层原因，不一定能把实践与心理学、教育学等理论联系起来。

从实践中看不到优秀班主任遵循的教育原则。一些优秀班主任往往按照自己的理解完成班主任工作。尽管他们的诸多实践闪烁着教育艺术的光芒，甚至不乏一些可圈可点的案例，但从实践中看不出这些优秀班主任遵循的教育原则是什么，体现了什么教育精神。

从实践中看不到稳定的实践内容。一些优秀班主任往往基于学校、班级实际，完成一些有特色的班主任工作，但往往理不清这些实践内容的内在逻辑关系，更理不清这些实践内容之间的稳定性联系。换言之，通过这些案例看不出这些优秀班主任每天、每月、每年完成的工作内容是什么，善于使用哪些方式、方法等。

综上所述，分析一些优秀班主任的实践行为，不一定能捕捉到他们信奉的教育主张、遵循的教育原则、稳定的实践内容。换言之，不能全面地

看到这些优秀班主任的创造性。

二、归因：优秀班主任的个性化发展空间狭小

（一）班主任普遍缺乏个人教育哲学

拥有自己的教育哲学是优秀班主任的重要标志。优秀班主任的个人教育哲学，是指优秀班主任运用哲学思想、哲学知识与哲学方法，在反思教育活动、研究教育问题、感悟教育真相等过程中形成的清晰、一贯的观念系统。拥有了个人教育哲学，意味着优秀班主任能主动地思辨自己的教育追求，直至形成健康的教育主张；意味着优秀班主任能形成对教育现象的整体理解，从较高的层面把握教育的发展态势；意味着优秀班主任能自觉地培养理论思维，提升自己的实践经验；意味着优秀班主任能自觉地运用辩证法，批判、改造自己的实践。因此，一位优秀班主任拥有了个人教育哲学，就能确定自己信奉的教育主张、遵循的教育原则，选择稳定的实践内容，直至系统化地呈现自己的创造性。但是，大多数优秀班主任并没有形成个人教育哲学，也就不一定能认清并彰显自己的创造性。

（二）教育部门和学校不关注班主任的个性化发展

专业发展目的：强调班主任扮演"工具性"角色。班主任往往扮演一种工具性角色，以此体现其不可替代性。国家在制定班主任培训政策、学校在形成班主任专业发展机制时，更多地考虑什么样的班主任能促进学生成长、学校发展、社会进步，对班主任的个体需求关注甚少。

专业发展内容：强调班主任要具备普适性知识与成功经验。国家教育部门在制定中小学教师专业标准时，师范院校、基层教育部门在组织职前培训时，都强调学科知识、教育知识、心理学知识等普适性知识的习得。换言之，在做班主任前，他们是以学科教师的身份接受职业培训的。在职培训中，县、区级教育部门和学校管理者往往重视宣传、推广、借鉴"名班

主任"的成熟经验，并不看重班主任自身的个性化经验体系。

专业发展策略：过于看重班主任培训的作用。传统的班主任专业发展策略过于看重班主任培训的作用。首先，由专业研究者发现班主任需要什么样的专业素养，并据此形成"合格班主任""优秀班主任"的素养模型。然后，由师范院校、教育部门将这些素养模型转化成培训课程，力求在培训中将这些素养全部地或部分地传授给班主任。班主任被动地接受各类培训，没有专业发展的主动性、选择权，个性化发展空间狭小。长此以往，班主任工作将出现经验化、习惯化的不良倾向，班主任追求个性化发展的意识会越来越淡薄。

专业发展过程：脱离班主任的生活世界。多年来，班主任一直以"类生存方式"栖居于学校现场。这种"类生存方式"将班主任从现实生活中抽离出来，用带有共性的理想生活模式替代班主任个人的现实生活现状。对班主任成长的探讨，并未深入班主任安身立命的生活世界，而是用关系思维来关注班主任完整的生命价值，这就无法得到广大班主任的价值认同，更不能激发班主任个性化发展的动力。

三、求解：认清优秀班主任的创造性

（一）如何描述优秀班主任的创造性

既然优秀班主任的行为都具有创造性，那么，用什么概念来准确地描述这种创造性呢？可以用"班主任工作个性"来描述。要探讨"班主任工作个性"，必须提及"班主任工作艺术""班主任工作风格"。考察三者的区别与联系，有助于加深对"班主任工作个性"的理解。

班主任讲究班主任工作艺术，就是在自己力所能及的前提下，预估学生的需求，并在自己所能想到的所有实践方案中"优中选优"，做出最佳选择，让班主任工作在当前情境中以"学生最能接受"的样子呈现出来。普通班主任的工作艺术体现在某项工作中、体现在某些环节；优秀班主任的工作艺术体现在班主任工作的各个环节。

班主任工作风格是班主任在长期实践中逐步形成的、富有成效的一贯的班主任工作主张与班主任工作技巧相结合的表现，是班主任工作艺术呈现稳定性的标志。普通班主任的工作风格体现在某项工作中、体现在某些环节，优秀班主任的工作风格则体现在班主任工作的各个环节。

班主任工作个性是优秀班主任将班主任角色与本人的良好个性相结合后表现出来的稳定的心理与行为的倾向性。班主任工作个性是优秀班主任的职业共性、自身性格优势、良好动机、高雅兴趣、稳定信念等个人教育品质的综合表现，并不是优秀班主任的整个社会生活的综合体现。优秀班主任的工作个性具有稳定性、独特性、教育性、创造性的特点。班主任工作个性有两种体现样态。一是内隐样态。班主任工作个性体现为优秀班主任拥有主体意识、自由意识、创新意识和超越意识，拥有独到、理性的教育主张，拥有科学的教育原则。二是外显样态。班主任工作个性体现在工作目标设定、工作内容生成、工作方法选择、工作档案建构等各个环节。

综上所述，班主任工作艺术、班主任工作风格与班主任工作个性都是基于实践特征来理解班主任的行为的，但概念提出的对象、描述的侧重点不一样。班主任工作艺术是基于班主任的思维方式的差异而提出的，重在描述班主任对班主任工作内容、方式、方法的最优化追求。班主任工作风格是基于别人对班主任行为的审美感受而提出的，重在描述班主任的实践行为的独特性。班主任工作个性是基于优秀班主任的创造性而提出的，重在描述优秀班主任的岗位价值是如何实现最大化的。班主任工作艺术是形成班主任工作风格的基础，班主任工作风格是对班主任工作艺术的升华，班主任工作个性是对班主任工作艺术与班主任工作风格的超越。

（二）优秀班主任的所有实践都可称作"班主任工作个性"吗

班主任工作实践不一定都能称得上是班主任工作个性。优秀班主任严格地按照有关规定进行实践，这些实践共性特征明显，不一定具有严格意义上的个性化内涵。只有具备某种特色、不大容易被复制、具有稳定性的工作实践，才能体现班主任工作个性。

拥有班主任工作个性并不意味着特立独行。具备了班主任工作个性，班主任的行为特征会具有较明显的独特性。这种独特性可能体现为工作理念先进，也可能体现为工作内容独到，还可能体现为工作策略具有艺术性。

四、实践：班主任工作个性的建构框架

（一）锤炼个人教育哲学，形成教育信念

养成哲学思维的自觉性。优秀班主任要系统地学习、研究中西方经典哲学、教育哲学：学习哲学史，对各哲学流派的代表人物的代表作进行对比性阅读，精深研读对自己影响巨大的某一名家哲学思想，阅读当代的哲学期刊。要注重运用，以养成哲学思维的自觉性。

形成自己的教育哲学。优秀班主任应形成自己的教育哲学，从哲学的高度来研究班主任工作的基本概念、基本问题、基本假设，以便为班主任工作的理论建构和实践推进提供一般的指导原则。因此，班主任个人教育哲学的建构内容包括"班主任的教育使命""班主任的教育目标""班主任的教育内容""班主任的教育策略""班主任的专业成长"五个方面。在这几项内容中，"班主任的教育使命""班主任的教育目标"是核心内容，即要回答清楚"班主任"的设立价值是什么、培养什么样的学生这两个核心问题。

（二）梳理个人教育史，锤炼自己的教育精神

记录成长大事。优秀班主任可按照时间顺序记录成长大事，把那些在特殊时间段给自己留下深刻印象、特殊体验的事件叙述出来，这有助于优

秀班主任找到自己成长中的关键人物、关键理论、关键媒介等，进而从这些关键事物中分析出自己坚持了什么、丢弃了什么。

编制成长年谱。优秀班主任可以在访谈熟人、自主回忆、梳理日记、查找信件、查阅档案后，按照时间顺序，为自己建立一个比较翔实的成长年谱。编制成长年谱的过程，也是锤炼优秀班主任教育精神的过程。

撰写教育自传。优秀班主任撰写教育自传，可以总结出自己的教育生活史，这有助于培育优秀班主任的主体意识、超越意识，直至实现人格独立、精神自由。

（三）在认识自我中，确定自己的教育原则

优秀班主任认识自我可以从三个层面进行。找到自我：对自我的寻找与定位；丰富自我：扩展自我与世界、他人的关系，悦纳自己、他人与现实，深化自我的内涵；保持自我：抗拒外界对自我的挤压，保持自我个性的独立发展与自由发展。充分认识了自我，优秀班主任便不再人云亦云，而是坚守教育底线，以一种自觉的状态来想自己的问题、做自己的事、说自己的话，实现自己的教育追求，这样便遵循了自己的教育原则。

（四）提炼个人教育理论，确定自己的教育主张

形成个人教育理论。班主任的个人教育理论，是其关于班主任的教育使命、班主任工作目标、班主任工作内容、班主任工作方法论、班主任成长等内容的观点、理念的综合。班主任可以通过三条途径生成自己的教育理论。首先，在叙事研究中生成。班主任通过描述、解读自己的典型故事，挖掘、梳理出班主任工作行为背后的内隐观念、知识，并加以提炼，生成属于自己的教育理论。其次，在经验批判中生成。班主任通过自省，或者利用专家力量来帮助自己分析班主任工作行为，总结出自己的实践经验，并加以提炼、升华，生成属于自己的教育理论。最后，在文献分析中生成。班主任应该阅读一些文献，并试着做一些文献分析，从而形成属于

自己的教育理论。

（五）基于良好的自我品牌，形成稳定的实践内容

过有主题的教育生活。在中长期专业发展规划、每一个学期的成长规划中，优秀班主任要有明确的班主任工作个性建构主题。然后，将其分解到自己的教育生活中，总结一天的得失，阅读一本专业图书，研究一个问题，撰写一篇论文，规划一次活动，这些都可以围绕这一主题进行。

形成品牌性班主任工作实践。优秀班主任要基于基本工作内容、自己的个性特点、教育理念、学生实际等来设计开发班本课程，不断创建标志性班主任工作实践，直至形成品牌性班主任工作实践。

（六）总结个体经验，形成自己的教育策略

本部分内容在本书的第十四章中有详尽的论述。

（七）总结实践性知识，生成属于自己的知识体系

双路径生成实践性知识。优秀班主任不仅要通过行动策略来解决问题，更要通过改变自己的价值观来解决问题。在解决问题的过程中，优秀班主任把自己价值观改变的结果、重新形成的新价值观都变成自己价值观的一部分。这样，行动策略改变的内容与价值观改变的内容，都变成了优秀班主任的实践性知识。

应激式生成实践性知识。优秀班主任在解决问题时，会快速激活一些知识，并有可能长时间地记住、使用它们，也会在解决问题时生成一些新的知识形态。

渐进式生成实践性知识。优秀班主任在完成一些大型任务、常规任务时，会不断遇到新情境，不断解决新问题，也在不断反思。在这个过程中，优秀班主任能不断修正、丰富自己的实践性知识。

（八）记录教育日志，表达自己的成长结果

本部分内容在本书的第十二章中有详尽的论述。

（九）多层次思考，寻找班主任工作个性的建构空间

本部分内容在本书的第十章中有详尽的论述。

| 后记 |　　班主任的"生道"实践

"本立而道生",班主任有了"务本"的追求,更应在实践中"生道"。这里的"道"是班主任工作的基本原理、规律。基于实践,运用经验总结法,班主任就可以"生"出工作之"道"。

我在做研究时,一般遵循四个步骤:找准问题,分析问题出现的原因,确定问题解决的突破口,设计实践路径。我在"生道"时,也相应地按照"问题""归因""求解""实践"四部分来进行。

找准问题

找不到问题,做研究就成了无源之水。因此,班主任要提高自己的问题意识,对一些有价值的尚待研究的命题要有一种主动探求的自觉。

有的问题显而易见。比如,学生的脸上带有伤痕,班主任可以先了解伤痕的形成时间、原因,之后将处理结果及时通知家长。有的问题深藏于复杂的表象之中。比如,某学生在众人面前很开朗,独处时却经常发呆。学生独处时的状态不易被班主任发觉,这样的问题可能需要较长时间才能被发现。又如,有的学生经常和别人打架,但他的道德品质不一定"坏",这可能是他缺乏安全感导致的。如果班主任只看表象,就会找不准问题。

因此，班主任需要不断搜集信息，思辨、判断、总结，这样才能找准问题。

分析问题出现的原因

因为学生管理、学生教育牵涉多学科的知识、能力，在发现问题、解决问题时，班主任不能受限于某一学科、某一专业。这给班主任的工作带来了很大挑战。功夫下得不够，班主任分析问题出现的原因时，就容易出现两个错误：一是原因找不全，二是原因的罗列没有逻辑性。基于此，我一般按照系统思维的分析逻辑，从不同层面、不同角度多问几个"为什么"，这样往往就能找到问题出现的原因。举例如下。

二、归因：现行班主任制决定了班主任要承担大量班级事务
（一）各种力量要求班主任做一个事务完成者
（二）班主任无权要求本班任课教师协助自己完成班级事务
（三）学校科层制管理格局要求班主任完成大量管理事务
（四）没有建构起浓厚的班主任专业文化

上述内容是本书第一章第二部分的初稿，只节选了一、二级标题。这部分内容从社会要求过多、班主任的职责模糊、学校科层制管理的缺陷、班主任制的不足四个角度分析了班主任要完成大量班级事务的原因。初稿是按照这个顺序排列的。这种排列顺序在逻辑上是有问题的，没体现出原因之间的关联性。理应把"（二）班主任无权要求本班任课教师协助自己完成班级事务"作为第一个原因来分析，因为任课教师不主动分担班级事务，班主任又无权要求他们分担，结果造成大量班级事务只能由班主任一

个人去完成。那么，接下来就要追问：班主任为什么没有权力要求任课教师协助自己完成班级事务？这就涉及学校科层制管理的弊端了。因为在学校科层制管理格局下，学校没有赋权给班主任让他们管理任课教师。因此，"（三）学校科层制管理格局要求班主任完成大量管理事务"就应该是第二个原因。这时，还要继续追问：学校为什么不给班主任赋权让他们管理任课教师？因为社会、家长等对班主任的要求太多了，学校为了落实管理责任、满足多方面的需求，只好让班主任一个人承担班级事务。所以，"（一）各种力量要求班主任做一个事务完成者"应该是第三个原因。最后，还要追问：为什么各种力量都会向班主任提出要求？这是由班主任制自身的不足造成的。没有严格的班主任任职资格取得机制、班主任的专业素质结构和工作职责不明确等制约了班主任专业文化的形成。所以，"（四）没有建构起浓厚的班主任专业文化"依然可以排列在第四位。

确定问题解决的突破口

问题出现的原因梳理清楚了，就需要找到问题解决的突破口。如果针对每一种原因平均用力，不仅不能有效解决原有问题，还可能会衍生新问题。因此，先要找到问题解决的突破口，然后集中发力，从而解决问题。

对班主任来说，形成属于自己的实践智慧就可以止步不前了吗？换言之，一个有教育追求的班主任要思考另外一个问题：班主任实践智慧的归宿在哪里？班主任应向理论化的高度迈进，不断提炼、打磨，生成新知识、新论断，乃至提出新思想、新理论。

基于上述两个方面的认识，我在确定问题解决的突破口时，喜欢总结出一个核心词来描述这一突破口。实在总结不出一个核心词时，我就引用一个核心概念来概括这一突破口。总结出一个核心词或者引用一个核心概念，需要字斟句酌，以做到观点明确、逻辑严密。举例如下。

　　三、求解：班主任要实现文化自觉

　　（一）要认清班主任工作的独特文化内涵

　　1. 班主任是一个"文化人"。2. 班主任要自觉地重建班主任工作的文化生态。

　　（二）依托班主任文化自觉，实现班主任日常工作范式的转型

　　1. 班主任文化自觉的基本概念。2. 班主任文化自觉的逻辑过程。3. 班主任文化自觉的独特属性。4. 班主任文化自觉的基本内容。

　　上述内容是本书第一章第三部分的一、二级标题。在前一部分分析班主任承担大量事务原因的基础上，总结出旧工作范式的内涵，明确了建构新工作范式的必要性，并提出了借助班主任文化自觉实现班主任工作范式的转型。在分析过程中，我总结出了"旧的工作范式""班主任文化自觉"两个核心词。"在事务包办这样的实践基础上，广大班主任逐步形成了以满足多元化要求为目的，以管理、控制与束缚为工作策略，以不讲求专业内涵、快速完成班级事务为内容的工作范式。既然这一范式不被广大班主任接受，那就要探讨建构新的工作范式。班主任这个岗位是中国独有的，认清、认可并积极打造独特的班主任文化是形成新的工作范式的应然选择。"

　　在此基础上，我提炼出"班主任文化自觉"这一核心词。"班主任文化自觉是指生活在班主任文化圈子里的班主任对岗位文化有自知之明，并对班主任的历史沿革、当代发展与未来走势有充分认识，自觉地把社会、学校、家庭赋予的责任，自己要履行的教育义务与享受的教育权利转变成文化信念、理性认识和行为准则，引导自己的日常实践朝着

专业化方向发展，自我觉醒、自我反思与自我创建，把担任班主任的工作经历看作自我实现的过程。"实现了班主任文化自觉，建构起了新的班主任工作范式，班主任就能超越班级事务包办者的角色，体会到职业幸福感。

设计实践路径

在班主任工作中，问题的解决没有标准答案，更没有完美答案。班主任只有在研究中反复斟酌，优中选优，才能形成当下处境中理想的实践路径。

班主任设计实践路径时，要讲求实践逻辑。比如，运用并列结构来设计实践路径，共同发力，全方位解决问题。又如，设计螺旋式的实践路径，层层递进，在一环扣一环的实践中，彻底解决问题。再如，从国家的法规支持、地方政策的实践空间、学校落实的条件、班级落实的渠道等来设计具有层次性的实践路径。举例如下。

四、实践：班主任文化自觉的生成路径
（一）外生性学校主导：借助学校行政力量推进班主任文化自觉
（二）内生性个体行动：靠个体的自主实践实现班主任文化自觉

上述内容是本书第一章第四部分的一、二级标题。先是从学术团体、学校行政力量来分析外在力量如何促成班主任文化自觉；然后分别从思想素养、理论素养、反思素养、表达素养、对话素养、研究素养来分析班主任个体如何实现文化自觉。

　　本书中的内容大都由这样四部分构成，有的章节还有"案例分析"。这些"生道"之法，在本书中我运用得还不够理想，争取在以后的实践中能不断改进。

王立华

2018 年 9 月 29 日

出 版 人　李　东
责任编辑　池春燕
装帧设计　许　扬
责任校对　贾静芳
责任印制　叶小峰

图书在版编目（CIP）数据

会做研究，班主任就赢了！/ 王立华著 . —北京：
教育科学出版社，2019.3（2023.9 重印）
ISBN 978-7-5191-1788-7

Ⅰ . ①会…　Ⅱ . ①王…　Ⅲ . ①班主任工作—研究
Ⅳ . ① G451

中国版本图书馆 CIP 数据核字（2019）第 017306 号

会做研究，班主任就赢了！

HUI ZUO YANJIU, BANZHUREN JIU YING LE！

出 版 发 行	教育科学出版社			
社　　　址	北京·朝阳区安慧北里安园甲 9 号	邮　　编	100101
总编室电话	010 - 64981290	编辑部电话	010 - 64989441
出版部电话	010 - 64989487	市场部电话	010 - 64989009
传　　　真	010 - 64891796	网　　址	http：//www. esph. com. cn
经　　　销	各地新华书店		
印　　　刷	运河（唐山）印务有限公司		
开　　　本	720 毫米 ×1020 毫米　1/16	版　　次	2019 年 3 月第 1 版
印　　　张	12.5	印　　次	2023 年 9 月第 4 次印刷
字　　　数	170 千	定　　价	49.80 元

图书出现印装质量问题，本社负责调换。